Peter Landgraf    Südafrika – auf Spurensuche
Reiseerinnerungen

AF288411

Peter Landgraf

# Südafrika – auf Spurensuche

Reiseerinnerungen

Herstellung und Verlag: Books on Demand GmbH, Norderstedt
Printed in Germany
Text und Umschlaggestaltung: Peter Landgraf
Quellen- und Bildnachweis siehe Seite 143
Internet: www.peterlandgraf.de

ISBN     9-783- 8391-8198-0

Die Deutsche Bibliothek verzeichnet diese Publikation in der Deutschen Nationalbib-
liografie; detaillierte bibliografische Daten sind im Internet abrufbar über
http://dnb.ddb.de

# Inhalt

Vor unserer Zeit

Das zarte Licht der Morgensonne wirft erste Schatten über die Landschaft unter uns. Ein Fluss mäandert durch die Savanne. Der weiße Fleck am Horizont kommt schnell näher. Gischt aufwirbelnd stürzt der Sambesi über die Victoriafälle auf mehreren hundert Metern Breite in die Tiefe. Die Sonne steigt schnell. Ihre Strahlen brechen sich in den Wellen des Flusses und werfen Glitzer zu uns herauf.

Im Dunst in weiter Ferne sind Häuser zu erkennen – die Stadt Livingstone im südlichen Sambia. Sie wurde nach dem berühmten schottischen Afrikaforscher David Livingstone benannt, einem echten Abenteurer und Draufgänger. Er durchquerte Mitte des neunzehnten Jahrhunderts mehrfach das zentrale Afrika und entdeckte mit seinem Tross die gewaltigen Wasserfälle. Als Royalist taufte er sie auf den Namen seiner Königin. Mit Heißhunger verschlang ich als Pennäler seine Reisetagebücher. Ich bestaunte die fremd anmutenden Szenen mit meist halbnackten Eingeborenen vor ihren Rundhütten und die Abbildungen von Löwen, Elefanten und anderen wilden Tieren, mit denen die Berichte illustriert waren.

Der Sambesi konnte die Urbevölkerung Afrikas auf ihrer Wanderung in den Süden des Erdteils vor zehntausenden von Jahren nicht abhalten. Sie überwand nicht nur diesen mächtigen Strom, sondern auch die Seenlandschaft des Okavambu und die Salzpfannen in Botswana, den reißenden Limpopo, dessen Wasser Simbabwe im Süden begrenzen und schließlich die lebensfeindliche Wüste Kalahari, die sich über Namibia bis hinunter nach Südafrika erstreckt.

Zuerst kamen die Frühmenschen der Gattung Homo habilis, dann der Homo erectus und schließlich der Homo sapiens – der Mensch heutiger Prägung. Alle hinterließen ihre Spuren. Ihnen folgten später die Bantustämme, die in ethnischer Vielfalt in der ganzen Südhälfte Afrikas anzutreffen sind. Sie drängten die Urbewohner, die San und die Khoi, immer weiter in den Südwesten zurück.

Die Ankunft der Weißen besiegelte das Schicksal dieser alten Stämme. Der Niederländer Jan van Riebeeck gründete 1652 die erste Niederlassung der Ostindien-Kompanie am Kap der Guten Hoffnung. Die in den folgenden Jahrzehnten siedelnden Buren und die ab 1797 einfallenden

Truppen Großbritanniens vertrieben die San und die Khoi in die nordwestlichen Trockengebiete oder rieben sie auf. Die San zogen einst jagend und sammelnd als Buschmänner umher. Die Khoi waren nomadisierende Hirten. Ein Teil vermischte sich mit den aus Indonesien und Indien ins Land gebrachten Sklavenarbeitern. Sie wurden fortan als Farbige und die Angehörigen der Bantustämme als Schwarze bezeichnet. Die Rassentrennung der Apartheid drückte beide Gruppen an den Rand der Existenz und raubte ihnen ihre Identität – sie führte ihnen ständig vor Augen, wie wertlos als Menschen sie doch seien.

Nach jahrzehntelangen Auseinandersetzungen wurden 1994 die ersten freien Wahlen für alle abgehalten, Nelson Mandela zum Präsidenten gewählt und die Apartheid abgeschafft. Die zwei Jahre darauf verabschiedete neue Verfassung garantiert die Menschenrechte und die Gleichheit aller ausdrücklich.

Einige Zeit nach diesem Umbruch entschlossen wir uns zu einer schon lange geplanten Reise in die Republik Südafrika – wir, das bewährte Team: Irene, Rita, Wolfgang und ich. Achtundzwanzig Tage haben wir für die gemeinsame Tour angesetzt. Ausgehend von Johannesburg und Pretoria wollen wir zuerst die Provinz Mpumalanga, früher Transvaal genannt, östlich bis zu den Drakensbergen und den Krüger National Park durchqueren, dann südlich davon das kleine Königreich Swasiland aufsuchen, von dort weiter nach Natal und dem Zulu-Land reisen und anschließend die östlichen und westlichen Kapprovinzen einschließlich der Kleinen Karoo im Hinterland durchfahren und zu guter Letzt bis zum Kap der Guten Hoffnung mit vielen Zwischenstopps vordringen.

„Entdecken Sie die Schönheiten und Abenteuer einer ganzen Welt in einem Land." Mit diesen Worten lockten die Prospekte des South African Tourism Board, mit dessen hilfreicher Unterstützung wir die Route und die einzelnen Stationen vorbereiteten. Das Land sei gewaltig, das Angebot reich an Kontrasten, wird dem Besucher versprochen: Moderne Großstädte, unendliche Landschaften, riesige Tierreservate, Wildlife hautnah, einsame Bergdörfer, ursprüngliche Kulturen, unberührte Sandstrände, Gold und Diamanten, Picknick am Straßenrand und Dinner deLuxe. Wer einmal in Südafrika war, verliebt sich in das Land und vergisst niemals dieses wunderbare Erlebnis. Noch ehe Ernest Hemingway dem Land nach einer Großwildsafari den Rücken kehrte, quälte ihn die Sehnsucht nach einem Wiedersehen. In seinem Roman „Die grünen Hügel Afrikas" schrieb er: „Alles, was ich wollte, war, nach Afrika zurückzukommen. Wir hatten es noch nicht verlassen, aber wenn ich nachts aufwachte, lag ich lauschend da, bereits voller Heimweh danach." Worte einer Liebeserklärung, die mir während des Anflugs durch den Kopf gehen.

Elfeinhalb Stunden sind seit dem Start in Frankfurt vergangen. Planmäßig um 8 Uhr 30 setzt der Jumbojet der South African Airways mit uns an Bord auf der Rollbahn des Johannesburg International Airport auf. Lassen wir uns überraschen …!

## Erste Eindrücke in Joburg und Pretoria

Bei AVIS wartet ein vorbestellter Toyota Venture auf uns. Wir wählten diesen Fahrzeugtyp, da er hinsichtlich der Größe und Leistung genau unseren Anforderungen entspricht: Als SUV, als Sports Utility Vehicle, würde er heute bezeichnet werden, fünftürig mit verdecktem Gepäckraum, mit Klimatisierung und großer Bodenfreiheit und damit für Schotterstraßen und ungeteerte Wegstrecken im Gelände geeignet; zwar kein Allradfahrzeug, aber auf allen Straßen zugelassen, die in unserer Planung liegen. Die hohen Sitzpositionen machen den Venture für Tier- und Landschaftsbeobachtungen bestens geeignet. Das Tankvolumen reicht für etwa 450 km.

Den Sinn eines Internationalen Führerscheins habe ich noch nie verstanden. Er wird von einigen Ländern zwingend vorgeschrieben und ohne jegliche Kenntnis länderspezifischer Gesetze ausgestellt. Hauptsache man hat ihn. Wolfgang und ich haben ihn. Schnell prägen wir uns die Besonderheiten im Straßenverkehr Südafrikas ein: Anschnallpflicht, Linksverkehr, alle Geschwindigkeitsangaben in km, nicht in Meilen, 60/100/120 km/h für Stadt-/Land-/Schnellstraßen, und, schon wieder der unergründliche Hinweis, Internationaler Führerschein.

Am Schalter neben uns steht ein auffällig gekleidetes Paar aus Düsseldorf aus der Möchte-gern-Szene, aufgetakelt bis zum Es-geht-nicht-mehr. Ich höre, ohne mein Zutun, wie der Mann diesen Ort laut buchstabiert: „D, u, e, s, s, …" Er trägt Cowboystiefel und einen hellen, großrandigen Stetson. Noch mehr zieht das Outfit seiner grellblonden Begleiterin die Blicke an. Ihr hellblauer Jeansanzug aus Designerhand ist überreich mit bunt glitzernden Mustern bestickt; ebenso die dazu passende Umhängetasche, die sie mit angewinkeltem Arm so trägt, dass die mit Brillanten besetzte, goldene Uhr am Handgelenk stets sichtbar bleibt.

„Die fahren nicht zum Angeln", bemerkt Wolfgang leise und deutet auf einen ihrer beiden Gepäckwagen. Drei Gewehrtaschen und ein Metallkoffer, vermutlich mit Munition gefüllt, sind mit einer Stahlkette und einem Sicherheitsschloss darauf festgezurrt. Eilig hastet das Paar davon.

Wir beladen unseren Venture. Wolfgang fährt als Erster. Er war oft in England unterwegs und hat Übung mit dem Linksverkehr. Ich halte die

Straßenkarte aufgeschlagen in den Händen. „Nach rechts im weiten Bogen", sagen wir zu viert unisono an der ersten Einmündung. „Nach links im engen Bogen" an der nächsten und gleich darauf wieder: „Nach rechts im weiten Bogen." Wir lachen wie kleine Kinder dabei.

Auf Empfehlung von Satour, wie sich der South African Tourism Board abkürzt, buchten wir Zimmer weit außerhalb im Holiday Inn Garten Court im ruhigen Villenvorort Sandton. Das war zwar nicht nach meinem Geschmack, aber der Sicherheitshinweis des Auswärtigen Amtes mahnte ebenfalls zur Vorsicht.

Lange halten wir uns dort nicht auf. Über die N 1 fahren wir direkt in die City und mit dem Fahrstuhl auf die Dachterrasse des Carlton Centers, dem mit 50 Etagen und rund 220 Meter höchsten Gebäude Afrikas. Johannesburg liegt uns zu Füßen. Die Einheimischen nennen ihre Stadt liebevoll Joburg. Das lässt sich einfacher aussprechen.

Hochhäuser beherrschen das Bild der lebendigen Metropole. Der Verwaltungsbau von De Beers sticht besonders ins Auge. Er gleicht einem geschliffenen Brillanten. Von weit größerer Bedeutung ist jedoch das ältere und flachere Gebäude in der Main Street 44 gleich daneben. Es beherbergt das Hauptquartier des Konzerns, in dem der „heimliche Herrscher Südafrikas" residierte, wenn er nicht gerade in der zweiten Zentrale in London hinter seinem Schreibtisch saß: Harry F. Oppenheimer. Obwohl ihm vorgeworfen wurde, dass die von seinen Gesellschaften geförderten Diamanten und das geschürfte Gold vom Blut der meist schwarzen Bevölkerung gezeichnet sind, stellte er sich mehrfach öffentlich gegen die Apartheid. The New York Times zitierte ihn wie folgt: „Ich habe nie geglaubt, dass die Politik der Rassendiskriminierung ein großer Vorteil für das Geschäft war. Ich glaube, dass Apartheid gegen die Interessen einer ökonomischen Entwicklung arbeitet und nicht für sie." Letztendlich dachte er doch mehr an den wirtschaftlichen Erfolg als an die Menschenwürde. Er starb im Jahr 2000 im Alter von 91 Jahren.

Das Bevölkerungsprofil der Industrie- und Finanzstadt Johannesburg spiegelt die ganze Problematik des Landes wieder. Von den mehr als drei Millionen Einwohnern sind mehr als ein Drittel arbeitslos und weit über eine Million leben in den Armengettos im Südwesten und Nordosten. Mehrere Agenturen bieten Bustouren durch Soweto an, dem größten Elendsquartier des Landes. Die dort lebenden Menschen werden in ihrer Not im Vorbeifahren bestaunt. Eine entwürdigende Prozedur.

Wir ziehen einen Rundgang durch die Innenstadt vor. Über die weitläufigen Einkaufspassagen im Untergeschoss des Carlton Centers gelangen wir ins Freie. Das gleicht einem abrupten Szenenwechsel. Soeben waren wir noch in einer weitgehend von Weißen besuchten und von zahlreichen Polizisten und uniformierten, privaten Sicherheitskräften bewachten Welt. In der Fußgängerzone auf der anderen Straßenseite bewegen wir uns ausschließlich unter dunkelhäutigen Menschen.

Dem Gesetz nach wurde die Apartheid aufgehoben. Doch was wurde aus der Gleichberechtigung? Die schwarzafrikanische Bevölkerung muss in den Zügen nicht mehr in der Holzklasse fahren und kann alle Restaurants und Hotels betreten. Der Weiße hingegen muss seit einigen Jahren alles teilen, was er früher für sich allein beanspruchte. Doch welcher Schwarzafrikaner kann sich schon eine Fahrt 1. Klasse oder einen Besuch preisgekrönter Restaurants leisten?

Sie drängen vehement in die großen Städte, vor allem nach Johannesburg, Kapstadt und Durban. Dort finden sie keine Arbeit, zumindest nicht mehr als vor der neuen Republik. Die Regierung verspricht eine Menge, doch selten wird davon etwas Wirklichkeit. So praktizieren sie, optisch und ungewollt, Apartheid im Alltag auf ihre Weise. Die Geschäfte der kleinen Mall, wie die Fußgängerzone genannt wird, und in den Nebenstraßen werden allesamt von Schwarzen geführt und auch nur von Schwarzen besucht. Aus den Vororten der Stadt strömen täglich in den frühen Morgenstunden weitere herbei und bauen auf den Gehsteigen zusätzliche Stände und Buden auf. Die Verkäufer hoffen, wenigstens ein paar Rand am Abend mit nach Hause zu bringen, um ihre Familien ernähren zu können.

Die Mall erstreckt sich über mehrere Blocks. Der Duft von Leder und Holz liegt in der Luft, aber auch von Staub und Dreck. Einfache Geschäfte bieten Schnitzereien, Taschen, Gürtel und Schuhe an. Grellbunte Kleider und Tücher hängen auf Ständern vor den Eingängen. Alte Schilder werben noch immer für Kodak und Agfa.

„Sollten wir nicht besser wieder umkehren?" Irene wirkt unruhig. Auch Rita. „Wir sind weit und breit die einzigen Touristen. Einheimische Weiße habe ich hier noch nicht gesehen."

Die beiden haben Recht. Auch ich bemerke, wie wir gemustert werden. Sind die Blicke finster? Oder vom Schicksal abgestumpft und teilnahmslos? Wir können die Situation nur schwer beurteilen und biegen auf der Market Street nach rechts ab. Über die Von Wiell
igh gelangen wir zu unserem Wagen zurück, den wir in einer erlaubten Zone in der Delvers Ecke Commissioner parkten,

„Da haben Sie aber Glück gehabt", meint ein Passant im Vorbeigehen. „So schöne Autos wechseln in dieser Gegend ungewollt meist schnell den Besitzer!" Sagt es und will, ohne auf eine Entgegnung von uns zu warten, davoneilen. Im hellen Anzug mit Hemd und Krawatte und einer Aktentasche sticht er deutlich von allen anderen Fußgängern im Umkreis ab.

„Würden Sie uns ein paar Tipps geben, wo wir uns als Touristen problemlos bewegen können und wo nicht?"

„Ich würde Ihnen eine Rundfahrt anstelle eines Spaziergangs empfehlen. Das Zentrum bietet wenig. Viele Büros in den Hochhäusern stehen leer. Die Unternehmen sind nach Sandton gezogen oder in andere, ruhigere Viertel. Die Kriminalität stieg hier in der Innenstadt erschreckend. Drehen Sie einfach ein paar Runden durch Hillbrow und Berea, am Joubert Park vorbei und dann weiter westlich bis zum Market Theater in Newtown. Dort gibt es einige Theater, Galerien, Restaurants und Bars." Mit dem Zeigefinger weist er uns auf dem von mir hingehaltenen Stadtplan die empfohlene Runde und verabschiedet sich mit einer lässigen Handbewegung. „Seien Sie vorsichtig und halten Sie die Türen Ihres Toyota auch während der Fahrt geschlossen", ergänzt er und läuft mit eiligen Schritten weiter.

Wir folgen seinen Empfehlungen, finden seine Bemerkung, dass die Innenstadt nicht viel zu bieten hat, bestätigt und beschließen die Stippvisite zu beenden.

Auf der Rückfahrt zum Hotel kommen wir am Alexandra genannten nördlichen Township vorbei. Zu Tausenden wurden die Schwarzen bereits vor Jahrzehnten gewaltsam in diese Massensiedlung wie auch in andere verfrachtet. In den vorgefertigten klapprigen Hütten und selbst gezimmerten Unterkünften aus Wellblech und Pappe spielt sich lebendiges Familienleben ab. Kinder tummeln sich auf den staubigen Wegen dazwischen. Doch elende Brutalität und tiefe Verzweiflung sind ebenso an der Tagesordnung.

Nur von einer Schnellstraße getrennt wohnen die Weißen. Deutlicher können die auseinanderklaffenden Lebenswelten nicht sichtbar werden. Die bisher Unterdrückten auf der einen Seite sind zwar nach dem Gesetz in jeder Hinsicht frei, aber arm wie zuvor. Zukunftsangst erfüllt sie und Zorn über die nicht vorankommenden Reformen. Und die bereits bisher Freien auf der anderen Seite fürchten sich vor der Zukunft, verspüren Angst vor der Verdrängung. Ihre Privilegien schwinden. Was eines Tages kommen wird, bleibt vermutlich lange noch sehr ungewiss.

Im Garten des Hotels lassen wir den Tag ausklingen. Ein paar Bahnen im Pool bringen den Blutkreislauf in Schwung, der durch das lange Sitzen im Flugzeug zu kurz gekommen war. Nur langsam weicht die Nachdenklichkeit aus unseren Gesprächen.

Die Fahrt nach Pretoria tags darauf dauert noch nicht einmal eine Stunde. Der Bure Marthinus Wessel Pretorius gründete 1855 diese Stadt, die er nach seinem Vater benannte. Dieser führte die Voortrekker, das waren die burischen Pioniere, die gegen die rivalisierenden Briten kämpften und den ersten südafrikanischen Staat Transvaal und kurz darauf den Oranjefreistaat ausriefen. Die Vorherrschaft der Buren im Norden des Landes endete nach dem großen Burenkrieg 1902. Ganz Südafrika wurde in das Britische Empire eingegliedert. Den Friedensvertrag schlossen die streitenden Parteien im Melrose House. Der Weg in die Innenstadt führt an diesem viktorianischen Gebäude vorbei. Wir halten nur kurz.

In Joburg waren wir mit gemischten Gefühlen unterwegs. Hier, in der Hauptstadt der Republik Südafrika, ergeht es uns anders. Wir fühlen uns entspannt, wie in jeder anderen großen Stadt der Welt und drehen ungezwungen unsere Runde, besuchen das Alte Rathaus, den Justizpalast, ein Stadtmuseum und das Staatstheater und lassen uns für eine Weile im kleinen Park am Church Square auf einer Bank in der Sonne nieder. Wir beobachten die Einheimischen, die wie wir umherschlendern oder geschäftig vorbeihasten, betrachten interessiert das Krügerdenkmal und füttern mit zerbröckelten Keksen die Tauben, die den in Bronze gegossenen früheren Präsidenten umschwirren und zu seinen Füßen gurren. Paul Krüger war deutscher Abstammung. Er gründete den nach ihm benannten Nationalpark, eines unserer großen Ziele dieser Reise.

Nach kurzer Rast fahren wir hinaus zum Meintjieskop, einem von einem gepflegten Park umgebenen Hügel. Auf seinem Rücken thront das Union Building, der Sitz der Regierung Südafrikas. Der prächtige, weitläufige Gebäudekomplex und die mit Blumen, Büschen und Bäumen dekorierten Anlagen sind verwaist. Der Staatspräsident und die Regierungsmannschaft befinden sich traditionell in den Sommermonaten des Landes im kühleren Kapstadt, dem zweiten Regierungssitz. Wir müssen also unsere „Aufwartung" verschieben.

## Vom Highveld zum Lowveld

Die politische Neuorientierung im Lande bringt eine den Fremden verwirrende Sprachvielfalt bei der Namensgebung mit sich. Die in den Geschichtsbüchern und Straßenkarten der Automobile Association mit Oranje, Transvaal und Natal bezeichneten Provinzen, heißen in den Karten von Satour Freestate, Mpumalanga, Limpopo und KwaZulu-Natal. Die gestern und heute besuchten beiden Großstädte liegen nunmehr in Gauteng. Pretoria soll künftig Tshwane heißen und die Zulus nennen Durban in ihrer Sprache Thekwini, was übersetzt Lagune bedeutet. Wir kommen trotzdem damit zurecht und machen uns auf den Weg vom Highveld zum Lowveld. Joburg und die Hauptstadt liegen nämlich auf einer Hocheben, 1.750 bzw. 1.370 m über NN. Unser Tagesziel ist Hazyview, ein Städtchen am Sabie-River in der Ebene Ost-Transvaals, etwa 200 m über NN.

Wir verlassen Pretoria auf der Staatsstraße N 4. Das Häusermeer liegt bald hinter uns. Beidseits des Weges sind einige unscheinbare Orte zu sehen. Dann wird die Landschaft lieblich und fruchtbar. Vieh steht auf den Weiden. Gemüse wird angebaut. Felder mit Mais wechseln mit Obstplantagen. Das Getreide wurde bereits eingefahren. Der Sommer klingt aus. Dafür biegen sich die Äste in den Orangen- und Zitronenplantagen. Die Tabakfelder können bald abgeerntet werden. Zu meiner Überraschung wird auf höher gelegenen Stellen Tee angebaut.

Kurz hinter Klipfontein biegen wir nach Middelburg ab. Ganz in der Nähe soll sich das Dorf der Ndebele befinden. Der Stamm zeichnet sich durch die Bauweise seiner Lehmhäuser mit von den Frauen kunstvoll und farbig bemalten Mauern aus. Wir durchfahren Middelburg und halten am Ortsrand in einer Siedlung mit schmucken Häuschen, die an Holland erinnern. Nachfahren der Buren wohnen hier. Wolfgang und ich fragen einen Mann, der gerade seinen Vorgarten bewässert, nach der Siedlung der Ndebele. Er schüttelt wie unwissend oder nicht verstehen wollend den Kopf und murmelt einige für uns unverständliche Worte, vermutlich in Afrikaans oder Kapholländisch. Dreimal ergeht es uns so. Die bornierten Weißen tun, als würden sie kein Englisch sprechen. Sie wollen uns offensichtlich von den Ndebele fernhalten. Verärgert und mit Wut im Bauch sage ich zu Wolfgang gewandt laut auf Englisch: „Die Sonne hat ihnen wohl das Gehirn ausgetrocknet."

„Verschwinden Sie!", bricht es aus dem Letzten, der gerade seinen Wagen besteigen will, hervor. Er hatte unsere Frage wohl verstanden.

So fahren wir auf gutes Glück ein Stück weiter nach Norden und finden allen Widersachern zum Trotz doch noch das Dorf der Ndebele. „Besuchenswert" steht in meinem Reiseführer geschrieben. Ich setze dahinter ein dickes Ausrufezeichen.

Geometrische Muster, großteils farbig ausgemalt und schwarz-weiß umrandet, zieren Wohnhäuser, kleine Hütten und die sie umfassenden Mauern. Stilisierte Pflanzen, Krüge und andere Gegenstände sind eher selten. Amagama nennen die Einheimischen ihre großformatigen Gemälde. Die Frauen bestreichen die Wände mit Kuhdung und Lehm und ritzen ihre an Varianten reichen Motive in die zuvor weiß gekalkten und noch feuchten Wände, die sie dann mit Erdfarben in Pastelltönen ausmalen. Sie erscheinen mir wie die Kandinskys unter der Sonne Afrikas.

Das Volk der Ndebele gehört wie die Zulus, Swasis und Xhosas zur ethnischen Großgruppe der Bantus. Sie wurden schon vor einigen hundert Jahren nördlich des Flusses Vaal sesshaft und entwickelten eine erstaunliche, eigenständige Kultur. Die Buren rieben sie fast auf und setzten die Überlebenden als Sklaven ein, die sie „swarte honde" nannten, was ich nicht übersetzen möchte.

Hatten sie häufigen Kontakt mit den Portugiesen? Sie fädeln grellbunte Glasperlen zu kunstvollen Mustern. Überall wo Portugiesen auf die Urbevölkerung stießen, verblieben farbige Ketten und Schnüre aus Glasperlen als Hinterlassenschaft.

Nach der Abschaffung der Sklaverei 1834 gründete der Deutsche Alexander Merensky hier eine evangelische Mission, die auch dem Schutz der Ndebele dienen sollte. Der Titel eines seiner Bücher zeigt allerdings, wessen Geistes Kind er war: „Wie erzieht man am besten den Neger zur Plantagenarbeit?" Offenbar suchte Merensky mit der Bibel in der Hand nach Wegen zur sanften Sklavenhaltung.

Wieder einmal verlassen wir nachdenklich einen Ort. Botshabelo wird er genannt.

Zurück auf der N 4 folgen wir dieser bis Belfast und halten uns dann nördlich auf der R 540 bis Dullstroom. Bewaldete Berge umgeben diesen bezaubernd gelegenen Ort. Klare Flüsschen speisen mehrere kleine Seen. Am Ortsausgang parken einige Autos vor einem freundlichen Haus aus groben Bruchsteinen. Zwei dorische Säulenpaare stützen das Dach über dem Eingang. The Poacher, Der Wilderer lädt zum Lunch ein. Blauer Rauch steigt vom Kamin auf. Wir riechen es bereits im Auto. Hier werden Forellen geräuchert und gebraten. Die einzige Entscheidung, die zu treffen ist, heißt: Mit Mandeln gespickt oder mit Kräutern gefüllt und mit Butter übergossen. Wir wählen beide Arten und teilen. Köstlich! Einfach köstlich!

Ein Geschäft im Nachbarhaus bietet Angelgeräte, Jagdwaffen und Wanderausrüstung an. Eine wahre Fundgrube. Die kräftige Sonne machte mir bereits zu schaffen. Ich muss Vorsorge treffen und probiere mehrere Hüte, bis ich einen breitrandigen aus Stroh entdecke, der mir gefällt und passt. Das dunkelrote Band mit Baisleymuster sei topaktuell, meint der Händler. Das durchbrochene Flechtwerk darüber wirkt wie eine Klimaanlage.

„Wo wollen Sie hin?"

„Wir fahren heute noch bis Haziview. Im Sabi River Sun buchten wir Zimmer für zwei Nächte."

„Die Straße müsste wieder frei sein", meint der Händler. „Seien Sie vorsichtig, wenn es finster wird", mahnt er. Eichhörnchen und andere kleine Tiere kreuzen in der Dämmerung ständig die Straße und nach dem großen Sturm liegen immer noch viele Äste auf der Fahrbahn.

Wir bedanken uns für den Ratschlag und brechen auf. Lydenburg, den nächsten Ort, erreichen wir nach etwas mehr als einer halben Stunde. Mehrfach queren wir das an Forellen reiche Flüsschen, das uns die ganze Strecke begleitet. Rechts und links der Straße dehnen sich unendliche Wälder aus. Anders als in meinen Erwartungen – keine unberührten Urwälder, von denen ich sehnsuchtsvoll träumte, keine undurchdringliche Wildnis, sondern wie Exerziersoldaten aufgereihte Eukalyptusbäume und Fichten bedecken die Hügel. Verbotsschilder mir unbekannter Companys hindern am Betreten der schnell wachsenden und zur raschen Rodung bestimmten Gehölze. Die rauchenden Schornsteine der Papiermühlen künden von der Verarbeitung des Einschlags. An die Verwendung recycelter Papiere denkt hier niemand. In der Nähe qualmen Meiler, die Holzkohle produzieren.

Im Dorf der Ndebele

Farben Südafrikas

Ndebele Frauen

Der Name Lydenburg, des 1849 von den Buren gegründeten Ortes, erinnert noch heute an das Leiden der an Malaria in dieser feuchten Gegend erkrankten Voortrekker und an die Verwundungen der Soldaten in den Auseinandersetzungen mit den Briten. Auf einer Aussichtsplattform bedroht eine der von den Buren eingesetzten Kanonen mit ihrem überlangen Rohr noch immer den imaginären Feind, der sie respektvoll Long Tom taufte. Der Pass, auf den wir jetzt hinauf müssen, wurde nach ihr benannt: Long Tom Pass.

Wolfgang und ich wechseln uns am Steuer ab. An den Linksverkehr gewöhnte ich mich schneller als gedacht. Nur das Schalten verläuft nicht immer so lautlos, wie es sein sollte. Ich bin eben Rechtshänder und treffe mit der Linken manchmal das falsche Zahnrad – sehr zum Leidwesen meiner Ohren und des Getriebes.

Auf den nächsten 45 km sind große Höhenunterschiede zu überwinden. Kurvenreich schlängelt sich die R 37 am Rande eines Natur Reservats zuerst hinauf zur Passhöhe auf 2.150 m über NN, um unvermittelt noch steiler nach Sabie hinunterzuführen. Ich fahre langsam und halte oft an, um mit den anderen das wunderschöne Panorama genießen und die Wasserfälle besuchen zu können. Die Lone Creek Falls stürzen etwa 70 m in die Tiefe. Der Sprühregen und die entstehenden Wasserschleier bringen angenehme Kühlung. Der Natur bescheren sie eine üppige Vegetation. Kleine und große Farne bedecken das Gelände.

Die sehr matschigen Nebenstraßen und Wanderwege hindern uns nicht daran, auch noch die Bridal Veil Falls aufzusuchen. Der Wald dort ist dicht und feucht. Er duftet frisch. Moos hängt wie Engelshaar von den Ästen. Dann sehen wir die über Kaskaden stürzenden Wasser. Ein fesselndes Schauspiel.

Die Zeit drängt. In einer halben Stunde wird die Nacht hereinbrechen. In Sabie halten wir uns deshalb nicht mehr auf. Wir nehmen die äußerst schmale R 536, die uns weiter hinunter in ein Tal führt, das wir nur erahnen können. Die Scheinwerfer des Ventures huschen über die klitschige Straße. Schlaglöcher tauchen unvermittelt auf. Ausweichen unmöglich. Seitlich fehlen Teile der Fahrbahndecke. Ein Verkehrsschild beschränkt die Geschwindigkeit auf 10 km. Schlamm und Geröll bedecken die Straße, und Äste, wie der Händler prophezeite. „Sind wir hier noch richtig?" Die Frage aus dem Hintergrund nervt. Wasser schießt vor uns über das, was von der Straße übrig blieb. Schwer schaukelnd überwindet der Venture die ausgespülten Furchen und den Schotter. Regen setzte ein. Was heißt Regen. Ein Wolkenbruch ergießt sich über das Land und unser Fahrzeug. Plötzlich sehe ich das schwach beleuchtete Schild am linken Straßenrand. „Sabi River Sun", lese ich vor, „Hotel and Country Club". Unser Domizil für zwei Tage und Nächte.

Fleißige Hände tragen die Koffer ins Foyer. Der Wagen wird für uns geparkt. Der Empfang ist sehr herzlich.

„Kamen Sie über White River?"

„Nein, über Sabie."

„Ist die Straße nach Sabie noch befahrbar?"

Der Mann hinter dem Tresen sieht uns mit großen Augen fast ungläubig an. „Sie sollte besser gesperrt werden, bevor ein weiterer Erdrutsch Autos verschüttet. Und Menschen." Ohne auf eine Bemerkung von uns zu warten, fährt er fort: „Wir hatten in den letzten Wochen die stärksten Regenfälle seit etwa einhundert Jahren. Viele Straßen wurden völlig zerstört und Brücken weggerissen. Morgen werden Sie das alles sehen können." Er dreht sich um und greift in einem Fach des Schlüsselbretts nach einer Nachricht, die er uns reicht. „Ein Fax für Sie von Satours. Die Bongani Lodge musste geschlossen werden." Unser nächstes Quartier. „Die Privatstraße ist unpassierbar und der Crocodile River spülte die Brücke fort. Aber keine Sorge. Sie werden ganz in der Nähe in der Malelane Lodge untergebracht."

Das sind viele schlechte Nachrichten auf einmal. Das Krüger Gate, durch das wir in zwei Tagen in den Park wollten, sei geschlossen, auch das Numbi Gate. Wir müssen den Park bis zum Süden umfahren, da derzeit nur das Malelane Gate geöffnet hat, hören wir weiter.

„Aber keine Sorge", sagt er nochmals und fährt mit einer einladenden Geste fort, „die Küche, das Restaurant und der Weinkeller blieben in Takt. Machen Sie es sich am reservierten Tisch am Kamin gemütlich. Sie sind vom Hotel zu einem Drink herzlich eingeladen!"

Trotz Ankündigung ist die Überraschung am nächsten Morgen groß. Ein Teil der Parklandschaft des Hotels und ganze Bahnen des Golfplatzes waren weggespült worden. Der Sabie River hatte sich in den vergangenen Wochen zu einem Monster entwickelt, das alles zerstörte, was sich ihm in den Weg stellte. Sogar die Nilpferde wurden von den reißenden Fluten fort getragen. Nur noch auf dem Hotelprospekt grasen sie auf der Böschung neben einem der Grüns. Kaum ein Baum steht noch aufrecht am Ufer des Flusses. Unterspült und schräg geneigt oder ganz umgestürzt hängen sie in den vom Schlamm braun gefärbten Fluten, die weite Teile des Parkgeländes in einen See verwandelten.

# God's window

Die Regenwolken haben sich verzogen. Die Sonne steht wärmend am Morgenhimmel. Neugierig steuern wir den Venture die wenigen Kilometer nach Hazyview hinunter und zur Brücke am Ortsrand, die über den Sabie River zum nahen Krüger Gate führt.

Die Sperrschilder erübrigen sich. Die Fluten unterspülten die Fundamente der unpassierbaren Brücke. Ihre Fahrbahndecke barst in zwei Teile. Der eine stürzte in das Flussbett und die Reste des anderen hängen schief in der ebenfalls gebrochenen Verankerung. Wohl oder übel werden wir die Route für morgen neu planen müssen.

Und heute? Wie in unserem Tageskalender festgelegt, werden wir die sich nach Norden erstreckenden Drakensberge Mpumalangas erkunden.

Die Straße über Sabie, die wir gestern am Abend noch befahren konnten, wurde inzwischen auf Grund weiterer Erdrutsche geschlossen. Die zweite, nach Norden führende große Brücke über den Sabie River direkt in Hazyview und die Landstraße R 535 blieben jedoch von den Fluten verschont. Warum das Städtchen und der Fluss mit e und das Hotel gleichen Namens ohne e geschrieben werden, bleibt ein orthographisches Rätsel. Erwartungsvoll brechen wir auf.

Lassen wir zuerst Thabo Mbeki zu Wort kommen, den zweiten Präsidenten der Republik Südafrikas: „Ich bin Afrikaner. Mein Dasein verdanke ich den Hügeln und Tälern, den Bergen und weiten Ebenen, den Flüssen, den Wüsten, den Bäumen, den Blumen, den Meeren und den ewig wechselnden Jahreszeiten, die unser Land prägen."

Mbeki wurde zwar am Ostkap geboren, doch seine Schilderung offenbart sich auf jedem Kilometer auch jenen, die Mpumalanga bereisen. Gestern lernten wir sowohl Savannen als auch fruchtbare Ebenen kennen und fuhren an Flüssen entlang durch bewaldete Berge hinunter in ein weites Tal. Heute zieht es uns nochmals nach oben zu jenem Bergrücken, der den Osten Südafrikas auf 1.000 km von Norden nach Süden durchzieht. Haben die Buren an den Heiligen Georg gedacht, der mithalf das Böse, aus ihrer Sicht die Bantustämme, zu besiegen, als sie das Gebirge Drakensberge nannten? Oder erinnerten sie die schroffen Felszacken des langen Bergrückens und die tiefen Einschnitte ganz einfach an ein Feuer speiendes, gefräßiges und geflügeltes Fabelwesen?

uKhahlamba, Wand der aufgestellten Speere, nennen die Zulus treffender das ihr Land nach Westen abgrenzende Gebirge wegen der zahlreichen Felskämme, Schluchten, Höhlen, Überhänge und Zinnen.

Nach einem sanften Anstieg durch bewaldete Hänge müssen wir mit dem Venture noch den steilen Kowyns Pass erklimmen, bevor wir den von den Voortrekkern gegründeten Ort Graskop erreichen. 14.000 Buren flüchteten nach der verlorenen, kriegerischen Auseinandersetzung mit den Briten nach Norden – „Der große Treck" genannt. Auf der Suche nach fruchtbarem Land müssen die Siedler angesichts der mit reichlich Gras bestandenen Hügel und des von einem Flüsschen durchzogenen Hochtals strahlende Augen bekommen haben. Für alle reichte jedoch der Platz nicht.

Die Geschichte erzählt, dass die Männer ihre Frauen und Kinder zuerst einmal hier zurückließen, um nach Wegen in flacheres und besser zu bewirtschaftendes Gelände im Norden und Osten zu suchen.

Von Graskop führt heute eine Straße südlich nach Sabie und nördlich zu den Echo Caves. An der Panoramastrecke dazwischen reiht sich ein landschaftlicher Höhepunkt an den anderen.

Auch wir entschließen uns zuerst für die Nordroute und biegen bereits nach wenigen Kilometern nach rechts in einen ausgeschilderten Loop ein. Vorbei am Pinnacle Rock, einer 30 m hohen Felsnadel, erreichen wir einen Parkplatz. Ein kurzer aber steiler Pfad führt von dort zum Rand des großen Grabenbruchs: God's Window, das Fenster Gottes, eröffnet einen nur schwer zu beschreibenden Blick. Das Gelände fällt 900 m fast senkrecht in die Tiefe. Eine waldreiche Landschaft liegt zu unseren Füßen, das von kleinen Flüssen gespeiste Lowveld, das ohne sichtbare Grenze in den Krüger Nationalpark übergeht. Dahinter erstrecken sich die sumpfigen Weiten Mosambiks bis zum im Dunst am fernen Horizont zu erahnenden Indischen Ozean.

Zu viert stehen wir allein am Rand der Böschung. Den kühlen Aufwind empfinden wir angenehm. Der unerwartete und grandiose Ausblick macht uns sprachlos. Still genießen wir eine nicht in Worte zu fassende Schönheit der Landschaft – ein von den Jahrmillionen geschaffenes Wunder der Natur. Wonder View wird deshalb ein zweiter Aussichtspunkt, nur wenige Minuten von hier entfernt, genannt. Wieder ein Blick hinaus und hinunter ins Tal, hinüber zum Krüger Park und dem angrenzenden Mosambik. Alles nur aus einem anderen Winkel, aber ebenso faszinierend und schön.

Im Jahr 1837 standen die Voortrekker, die Vorhut der Buren, ebenfalls an diesem Abhang. Die eine Gruppe suchte für ihre Ochsenkarren den Weg in die heute Limpopo genannte flachere Nordprovinz Südafrikas. Eine andere Gruppe hatte Kunde von der durch portugiesische Seefahrer entdeckten Delagoa Bay am Indischen Ozean, an der die Niederländische Ostindien-Kompanie eine Niederlassung unterhielt und heute Maputo, die Hauptstadt Mosambiks liegt. Den meisten dieser Gruppe wurden die dazwischen liegenden Sümpfe zum Verhängnis. Von der gefährlichen Anopheles, der Malariamücke, infiziert gingen viele von ihnen an der damals noch nicht zu heilenden fieberigen Erkrankung tragisch zu Grunde. Die wenigsten kamen nach Graskop zurück, um ihre Familien nachholen zu können.

Wir folgen der R 532 weiter nordwärts bis zu der Stelle, die Bourke's Luck Potholes genannt wird. Ein Tom Bourke entdeckte auf der Suche nach Gold den Zusammenfluss des Treur River und des Blyde River. Die geringe Menge an gefundenem Goldstaub war nicht der Rede wert. Die Potholes sind dagegen heute noch eine Attraktion für die Besucher der Panoramastraße. Das von den Flüssen mitgeführte Geröll hat in gewaltigen Strudeln Löcher, Furchen und Hohlkehlen aus dem bunten Sandstein geschliffen und gewaschen, die originelle Muster geben. Auf dem schmalen Rundweg gehen wir bis zu einer Brücke, die einen fesselnden Blick in eine tiefe Schlucht freigibt.

Hier beginnt der Blyde River Canyon, der nach etwa 27 km 1.500 m tiefer in der Ebene ausläuft – nicht so gewaltig wie der berühmte Grand Canyon in Arizona und nicht so farbenfroh wie der Waimea Canyon, die große klaffende Wunde auf Kauai, aber nicht minder fesselnd. Mehrere kleine Wege führen zu Aussichtstellen, die von einer üppigen, uns leider fremden Flora umgeben sind. Wer möchte nicht mit den Greifvögeln tauschen? Mit weit ausladenden Schwingen ziehen sie von der Thermik getragen ihre Kreise, stürzen unvermittelt in die Schlucht hinunter, gleiten über den Fluss hinweg bis zu dem einem Spiegel gleichenden Stausee, um sich an der gegenüberliegenden Seite vom Luftstrom wieder zu den Gipfeln der Berge hinauftragen zu lassen. Drei dicht beieinander stehende, eigenartig geformte Kuppen fallen jedem ins Auge. Sie werden die Rondavels genannt, da sie den Rundhütten der Einheimischen gleichen. Auch hier endet der Blick in der verschwommenen Unendlichkeit der feucht-heißen Wälder der Tiefebene.

In der Nähe der Echo Caves führt ein Pass hinunter in das nördliche Lowveld, wo der Blyde River in den Olifants River mündet. Bereits die Voortrekker hatten diese Passage ausgekundschaftet, die im Lauf der Jahre als Main Road R32 ausgebaut wurde. Wir müssten bis dort hin noch etwa 25 km zurücklegen. Da uns die Beschreibung der Höhlen nicht reizvoll genug erscheint, beschließen wir, die Rückfahrt anzutreten.

Der kürzeste Weg nach Pilgrims Rest, dem nächsten größeren Ziel, würde entlang des Blyde River führen. Der Landkarte ist jedoch nicht zu entnehmen, ob die Straße eine durchgehende Teerdecke besitzt. Wir wissen auch nicht, in welchem Zustand sie sich nach den sintflutartigen Regenfällen der vergangenen Tage befindet. Also nehmen wir, wie beim Hinweg, die R 352 und bewundern diesmal die hohe Bergwelt mit den Three Sisters, die oft mit den Three Rondavels verwechselt werden.

Bei den Lisbon Falls legen wir noch einen kurzen Stopp ein, was sich als sehr lohnend erweist. Die Wassermassen stürzen hier geräuschvoll und optisch spektakulär 92 m in die Tiefe.

Im Hotel erhielten wir die Empfehlung, zum Lunch in Harrie's Pancake House einzukehren, wenn wir in der Nähe von Graskop sind. Und wir sind in der Nähe! Auf diese Idee kamen allerdings auch andere. Wolfgang lässt seinen ganzen Charme spielen. Schneller als die bereits Wartenden werden wir von einer Serviererin zu einem Tisch am Fenster geführt.

„Das ist zwar kein God's Window, doch dafür haben wir frische Luft", sagt Wolfgang und öffnet das Fenster einen Spalt breit.

Scherzhaft frage ich die Bedienung, ob sie Pfannkuchen „Düsseldorf Style" hat, was bei ihr großes Stirnrunzeln auslöst.

„Was ist das", fragt sie zurück.

„Pancake with sweet and sour gherkin", erkläre ich, mit süß-saueren Gurken, was prompt Entrüstung hervorruft.

Das Angebot ist vielfältig. Wir spannen das Mädchen nicht lange auf die Folter und bestellen Variationen mit Heidelbeeren, Apfelmus, Vanilleeis und Honig.

## Südafrikanisches Eldorado

Auf den Spuren der Voortrekker zog es im Jahr 1873 Allec Petterson durch die Täler der Drakensberge Transvaals. Er war nicht auf der Suche nach Weideflächen und Ackerland. In seinen Träumen glänzten feinste Staubkörnchen und grobe Klümpchen aus purem Gold, die irgendwo in diesem teuflischen Gebirge zu finden sein müssten. Mühsam soll er sein Hab und Gut auf einem Schubkarren mit sich geführt haben. Für die Schönheiten der Wälder am Fuße des Mount Anderson, der mit 2.285 m höchsten Erhebung in dieser Gegend, hatte er keinen Blick. Ihn zog es zu den zahlreichen Flüsschen und Wasserfällen, in denen er sein Glück wähnte. Und tatsächlich, in einem unbedeutenden Bach wurde er schließlich fündig: Nuggets glänzten ihm entgegen, kleine Goldklumpen, die er mit bloßen Händen greifen konnte.

„The pilgrim can rest", soll er der Legende nach ausgerufen haben. Sein Erfolg zog zahlreiche Digger aus allen Teilen der Welt an. Ein Ort entstand, dem der Name Pilgrims Rest gegeben wurde. Das Flüsschen wurde Pilgrims Creek getauft und der einsetzende Goldrausch verwandelte das paradiesische Tal in eine Hölle goldgieriger Abenteurer, in deren Gefolge Händler kamen, Hotels, Kneipen und Bordelle entstanden, die Berghänge wie Schweizer Käse durchlöchert wurden und Kriminalität zur Tagesordnung gehörte.

Die Goldfunde erwiesen sich als äußerst ergiebig. Eine Bergbaugesellschaft wurde gegründet, die Transvaal Gold Mining Ltd. Sie kaufte fast alle kleinen Goldfelder und Minen der Goldsucher auf und schürfte, bis 1971 die Vorkommen erschöpft waren. Lagerhallen und verrostete Tanks erinnern an den umgegrabenen und trostlos erscheinenden Berghängen an diese Zeit. Transmissionsräder und die Reste eines Schredders stehen wie Skelette gespenstisch in der Landschaft. Gleich daneben, vor einem der Stollen, warten mit Geröll beladene Loren vergebens darauf, entladen zu werden.

Wir parken den Venture und spazieren durch das von der Provinzregierung liebevoll gepflegt Museumsdorf, das offenbar nur noch in den Seitenstraßen bewohnt wird.

Der General Store war einst der Nabel dieser abgeschiedenen Bergwelt. Hier gab es neben dem Handwerkszeug für die Goldsucher auch

Lebensmittel, Haushaltswaren, Whisky und Kleidung. Der heutige Besitzer weist uns stolz auf seine Abteilung mit Uhren und Schmuck hin und auf die an der Wand zwischen den Schaufenstern befestigten Felle wilder Tiere, die hier verkauft werden dürfen.

Ein altes Schild an einem benachbarten Haus macht auf die Wine Merchants aufmerksam; ein anderes auf den Hairdresser. In der Zeitungsdruckerei wird für die Pilgrims & Sabie News geworben. Die Post, ein schmuckes Häuschen mit weiß gerahmten Fenstern und Türen, hielt die Verbindung zur Außenwelt und im Royal Hotel, das auf freie Zimmer hinweist, kann noch immer übernachtet werden. Ein Plakat wirbt für Castle Beer.

Ein roter VW-Bus parkt davor. Die beiden Düsseldorfer verstauen gerade einige Einkäufe. Rita geht auf sie zu: „Wir sind uns schon einmal am Flughafen bei Avis begegnet. Wohnen sie hier im Royal Hotel?"

„Aber nein", wehrt die Blonde entrüstet ab. „Wir übernachten im Highgrove House bei Hazyview." Sie mustert Rita von oben bis unten. „Und wo wohnen Sie?"

„Im Sabi River Sun Resort", gibt diese zum Besten. „Im Park auf dem Golfplatz", fügt sie noch hinzu.

„Unser Suite-Hotel gehört zur Portfolio Collection. Kenne Sie die?" Ohne eine Antwort abzuwarten und auf Ritas Information einzugehen, kramt sie in ihrer Umhängetasche und zaubert einen Prospekt hervor. „Den schenke ich Ihnen. Ich habe noch einen."

Rita bedankt sich höflich. „Wann gehen Sie auf die Jagd?" Sie deutet dabei auf die Futterale mit den Gewehren.

Nun fühlt sich der Düsseldorfer mit dem Stetson angesprochen. „Wir bleiben erst einmal drei Nächte im Highgrove House. Anschließend fahren wir weiter zum Sabi-Sand Reserve. Dort buchten wir in einer Private Game Lodge für eine Woche Zimmer, Safaris und auch einige Abschüsse. Der Bestand muss verjüngt werden."

„Wissen Sie, dass die Brücke über den Sabie River gesperrt ist?"

„Wir müssen einen Umweg in Kauf nehmen. Das dürfte jedoch kein größeres Problem sein."

Beim Verabschieden deutet Wolfgang fragend auf die Werbung für Castle Beer. Ich hätte mitgemacht. Die Frauen drängen jedoch weiter.

Ein letztes Ziel liegt für diesen Tag noch vor uns – der Besuch der Mac Mac Falls and Pools. Zahlreiche Touristen drängen sich auf den Aussichtsplattformen. Durch den vorangegangenen, tagelangen Regen führen die großen wie die kleinen Flüsse und Bäche reichlich Wasser, was das Schauspiel der Wasserfälle noch verstärkt.

Die mit Handwerkskunst überhäuften Verkaufsstände der Schwarzafrikaner werden belagert – auch von Rita. Sie kauft mehrere Elefanten aus Speckstein. „Die eignen sich bestens als Gastgeschenk bei Einladungen. Zumindest ist ein Elefant aus Afrika origineller als ein Blumenstrauß." Dem kann niemand widersprechen.

Beim Abendessen erinnern wir uns an die Begrüßung durch den Empfangschefs, der so nebenbei und doch gezielt den reichlich gefüllten Weinkeller des Hauses erwähnte. Wolfgang und ich studieren die Weinkarte. Der Sommelier hilft dabei, eine „bezahlbare" Wahl zu treffen. Wir entscheiden uns für einen Cabernet Sauvignon vom Weingut Delheim. Der Inhalt hält, was das Etikett verspricht. Wir genießen den warmen Abend auf der Terrasse des Restaurants und beschließen, früh zu Bett zu gehen.

## Malelane statt Bongani

Neun Stunden vor dem Abflug nach Südafrika erhielt ich ein Telefax der Frankfurter Filiale der South African Airways:

„Auf Grund starker Regenfälle ist Bongani nicht mehr erreichbar. Es wurden für Sie zwei Doppelzimmer in der Malelane Lodge gebucht. Diese Lodge gehört ebenfalls zur Sun-Gruppe. Sie liegt direkt außerhalb des südlichen Endes des Krüger Nationalparks. Wir bedauern, dass so kurzfristig eine Änderung erforderlich wurde und hoffen, in Ihrem Sinne gehandelt zu haben. With kind regards, Doris Herford"

Ich war verunsichert. Was bedeutet das für unsere Tour? Wo liegt Malelane genau? Wie kommen wir dort hin? Befindet sich die Lodge diesseits, sprich südlich des Crocodile River? Und wenn ja, wie kommen wir dann über den Fluss zum Krüger Park, wenn die Bongani Lodge, die auch dort liegt, nicht erreichbar ist?

Die Naturgewalten warfen die Zeitpläne für die Safaris und Wildbeobachtungen völlig über den Haufen. Eine der vielen Fragen beantwortete der Empfangschef mit der Übergabe eines Umschlages vor zwei Tagen. Er enthielt die Vouchers, die Gutscheine für die Übernachtung in der Malelane Lodge, und die schriftliche Zusicherung auf Erstattung der Kosten für die ausfallenden Leistungen.

Die Bongani Lodge gehört zum Mthethomusha Game Reserve, einem der privaten Wildparks, direkt an den Krüger Park grenzend und beachtliche 8.000 Hektar groß. Die aus Holz gebauten Bungalows ähneln den Rundhütten der Einheimischen. Im Park leben neben den „Big Five" – Löwen, Leoparden, Nashörner, Elefanten und Büffel – Giraffen, Zebras, Gnus, Antilopen, Affen, Schakale, Hyänen und viele Vogelarten. Zwei Pirschfahrten pro Tag mit einem eigenen Rancher für unsere kleine Vierergruppe – eine bei Tagesanbruch und eine am späten Nachmittag – wären im Preis eingeschlossen gewesen; ebenso die Übernachtung mit Frühstück und die Verpflegung am Mittag und am Abend.

Eine ebenso große Enttäuschung bringt der erzwungene Verzicht auf ein außergewöhnliches Highlight mit sich, das im Lowveld nur die Bongani Lodge zu bieten hat. In den westlichen Ausläufern der Malelane Mountains, in denen sich das Mthethomusha Game Reserve befindet, wurden mehr als zweihundert Felsmalereien der San entdeckt. Ihr Alter wird auf etwa 1.500 Jahre geschätzt. Einen vergleichbaren, allerdings noch größeren kulturellen Schatz kann man nur in den südlichen Drakensbergen an der Grenze zu Lesotho bewundern. In zahlreichen Höhlen und an Felsüberhängen malten die San mehrere tausend Bilder, die in erster Linie Elanantilopen darstellen. Die ältesten Zeichnungen entstanden vor etwa 35.000 Jahren. Die bekanntesten Höhlen sind die von Giant's Castle und Kamberg. Für einen Besuch würden wir zwei bis drei Tage benötigen, die in der durchgeplanten Reiseroute leider nicht mehr zur Verfügung stehen.

Das Malelane Gate und die Malelane Lodge finden wir auf der Landkarte am südlichen Ende des Krüger Parks. Da sowohl das Krüger als auch das Numbi Gate wegen der Überschwemmungen nach wie vor geschlossen sind, ein Umweg über das nördlich gelegene Orpen Gate an einem Tag wegen der Länge der Strecke und der Geschwindigkeitsbegrenzung im Park ausscheidet, müssen wir mit einer Durchquerung des Lowvelds und Umfahrung des Krüger Parks Vorlieb nehmen.

Ich hatte noch vor dem Frühstück eifrig in meinen Reiseunterlagen geblättert und eine neue Route ausgearbeitet. „Wenn ich alles gegeneinander abwäge, dann hat die heutige Fahrt auch ihre guten Seiten. Die Buren legten rings um White River und Nelspruit, das sind die beiden Orte, die wir durchfahren, einen Garten Eden an. Plantagen mit allen nur denkbaren Zitrusfrüchten, Gärten mit bunten Blumen und Gemüse und Weinberge werden rechts und links des Weges unsere Begleiter sein und dort wo die Landschaft langweiliger wird, versuchen wir auf der Staatsstraße N 4 schnell voranzukommen."

Bereits zur Mittagszeit erreichen wir die Malelane Lodge. Sie liegt direkt am Crocodile River.

Wir bleiben vom Pech verfolgt. Die Touren durch den Krüger Park am heutigen Nachmittag sind restlos ausgebucht. Wir können deshalb erst für morgen eine Pirschfahrt im offenen Geländewagen mit einem ortskundigen Ranger vereinbaren.

Entschädigt werden wir vom hohen Standard der Hotelanlage. Das Haupthaus mit der Rezeption, der Lounge und dem Restaurant und eine Barbecue-Bar gruppieren sich um eine großzügige Poolanlage, während die komfortablen Bungalows verstreut in einem weitläufigen Gelände mit Grasland und Büschen liegen. Von unserer Terrasse fällt der Blick auf die Berge und Baumwipfel des Krüger Parks.

Beim Lunch werden wir von einem lauten und wiederholten Brüllen aufgeschreckt. „Löwen?", fragen wir unisono den Kellner, der gerade an unserem Tisch vorbeikommt.

„Nein, nein. Das sind Hippos. Die streiten sich im Fluss." Er deutet mit einer Hand über den Pool hinweg zu einer Baumgruppe. „Gehen Sie nach dem Essen in diese Richtung. Sie kommen dort zu einer großen Aussichtsplattform, von der Sie die Hippos beobachten können."

Die Malelane Lodge liegt auf einer vom Crocodile River gebildeten Halbinsel in einer großen Schleife. Die gewaltigen Wasser des Flusses haben das Bett tief eingegraben. Er ist deshalb erst zu sehen, wenn man die mit einem Geländer gesicherte Abbruchkante erreicht. Wir lassen uns auf den Bänken des Aussichtsdecks nieder.

Bei den Flusspferden kehrte wieder Ruhe ein. Die meisten stehen und vergnügen sich im Wasser. Einige fressen hohes Gras an der Uferbö-schung. Andere rupfen Blätter und dünne Äste von einem ange-schwemmten Baum, der sich an einer Sandbank verfangen hat.

„Krokodile!" Wolfgang hat sie mit dem Fernglas auf der Sandbank hinter dem quer liegenden Baum entdeckt. Die Hippos halten sicheren Abstand zu den Fleisch fressenden Ungeheuern, die sich träge sonnen und gleichzeitig mit geöffnetem Maul kühlen. Ein Madenhacker sitzt gerade im Maul eines Krokodils und putzt ihm Reste aus den Zähnen.

Eine zweite Gruppe behäbiger Flusspferde hat sich flussaufwärts ver-sammelt. Vermutlich kamen sie den anderen zu nahe, was zum Streit zwischen den Bullen führte.

Löffler suchen Nahrung in einer seichten und brackigen Wasserstelle in Ufernähe. Über den Baumwipfeln hinter ihnen kreisen Raubvögel – kahlköpfige Geier, wie mit dem Fernglas zu erkennen ist.

Wir genießen den Nachmittag am Fluss, beobachten jede Bewegung der Tiere, lauschen den Stimmen des Waldes und suchen ihn nach wei-teren Bewohnern ab, hören das ferne Trompeten eines Elefanten und fühlen uns eins mit einer wunderschönen und zugleich geheimnisvollen Natur.

## Auf Pirsch im Krüger Park

Der Ranger erwartet uns um fünf Uhr in der Halle der Lodge. Vier Lunchpakete stehen bereit. Doch Wolfgang fällt leider aus. Er hat sich total erkältet, wie Rita berichtet, hustet unaufhörlich und hofft, nach einer Schwitzkur bis morgen wieder fit zu sein.

„I'm Brandan." Ohne weitere Worte zu verlieren verstaut der Ranger die Kühltaschen und gibt mir mit einer Handbewegung zu verstehen, dass ich mich neben ihn auf den Beifahrersitz setzen sollte. Irene und Rita nehmen auf der gepolsterten Bank dahinter Platz. Die letzte Reihe bleibt leer.

Zum Malelane Gate brauchen wir nur ein paar Minuten. Wir überqueren den Crocodile River auf einer sehr stabilen Brücke, die den reißenden Fluten und Überschwemmungen standgehalten hat.

Brandan macht einen zufriedenen Eindruck. „Only one", sagt er und deutet auf den einzigen bereits vor uns wartenden Wagen. „Fünf Kilometer nach dem Tor gabelt sich die Straße. Fahren sie vor uns nach rechts, dann biegen wir nach links ab, oder umgekehrt. Wir sind dann auf jeden Fall der erste Wagen und können das Tempo der Pirsch bestimmen."

Pünktlich um fünf Uhr dreißig dürfen wir passieren. Die Dämmerung bricht gerade an.

Der Krüger Nationalpark erstreckt sich von diesem südlichsten Tor auf über 440 km bis zum Limpopo, der die natürliche Grenze zum Nachbarland Simbabwe bildet. Seine breiteste Stelle vom Numbi Gate im Südteil bis zur Grenze von Mosambik beträgt etwa 140 km.

Brandan fährt sehr, sehr langsam. Die ersten Antilopen huschen ins dichtere Unterholz. Der Ranger beginnt uns auf die Tour einzustimmen: „Wir durchfahren drei Zonen. Zuerst überqueren wir die Ausläufer der Malelane Berge. Der Tlhalabye links vor uns ist 630 Meter hoch. In den Niederungen wachsen wilde Palmen und Ebenholzbäume und an den oberen Hängen Stinkbüsche und verschiedene, wilde Feigenarten. Impalas und Kudus sahen wir bereits. Mit etwas Glück begegnet man beidseits des Matjulu River Nashörnern." Auf der Brücke hält er an. Der Geländewagen vor uns biegt nach rechts ab. „Okay, wir fahren dann im Uhrzeigersinn links weiter."

Kurz darauf hält Brandan erneut und schaltet den Motor aus. In den saftigen Wiesen in Ufernähe weiden Wasserböcke. Er deutet schräg voraus auf eine locker von Büschen bestandene Anhöhe. Zwei Nashörner blicken zu uns herunter. Ein weibliches Tier mit einem Jungen. Das Kleine, im hohen Gras kaum auszumachen, zieht sich zurück. Ein Busch wird zur Seite gedrückt. Ein mächtiger Bulle kommt grasend aus der Deckung. „White Rhinos", sagt Brandan, Breitmaulnashörner. Wir zücken die Kameras. Was für ein Auftakt.

Der Ranger betätigt die Zündung. Langsam rollen wir weiter. „In der zweiten Zone sehen wir wechselnd lichte und dichte Wälder, Buschland und kleinere Savannen. Löwen, Hyänen und Schakale sind dort ebenso zu Hause wie Giraffen, Gnus, Zebras und Antilopen."

Wieder hält er an. Direkt vor uns liegt ein Rudel Wildhunde auf der Straße. „Sie lieben den trockenen Asphalt als Nachtlager. Sie wurden noch nicht gestört. Wir sind das erste Fahrzeug." Widerwillig erhebt sich einer nach dem anderen, so dass wir passieren können.

Hinter dem nächsten Hügel werden wir Zeugen eines für die Wildnis alltäglichen, für uns ungewohnten und aufregenden Schauspiels. Mehrere Hyänen jagen Warzenschweine. Einer gelingt es, eine Sau zu reißen. Sie verbeißt sich an ihrer Kehle. Zwei Eber und die weitere Sauen flüchten mit senkrecht erhobenen Schwänzchen durch das hohe Gras in die seitlichen, dichten Büsche. Die Hyänen streiten inzwischen um die besten Bissen, die sie gierig verschlingen.

Immer dann, wenn das Gelände flacher und lichter wird, sehen wir ganze Rudel von Impalas und Kronenducker, dazwischen große Kudus, einige Riedböcke und Wasserböcke. Der Ranger nennt sie für uns alle beim Namen und weist auf die unterschiedliche Länge und Form der Hörner hin.

Die Straße führt in eine Senke hinab. Wir überqueren den Mlambane River, der sich seinen Weg durch die Bergwelt sucht und in den Crocodile River mündet. Brandan biegt zu einem gekennzeichneten Aussichtspunkt ab. „Immer wenn Sie dieses Hinweisschild mit dem Auto sehen, sollten Sie die Szene beobachten, aber auf keinen Fall den Wagen verlassen. Nur wenn auf dem Schild neben dem Auto eine stehende Person gezeichnet wurde, ist es ratsam auch auszusteigen. Und selbst da sollte man wachsam sein."

Nach 2 km halten wir auf einer Anhöhe. Jenseits dehnt sich eine savannenartige Landschaft aus, die bis zu dem kleinen Fluss, den wir vor kurzem passierten, heranreicht. Die nahe Wasserstelle mit dem Namen Renosterpan wird von einigen Gnus und Zebras belagert. Giraffen knabbern Blätter von einem Baum. Antilopen sind zu sehen. Der Ranger hält mit dem Fernglas Ausschau, zuerst am Flussufer, dann sucht er die Savanne ab. Er macht uns auf zwei Wasserböcke aufmerksam, die im Schatten eines hohen Baumes stehen. Die Tiere sind an ihrer auffälligen, hellen Zeichnung am Hinterteil zu erkennen.

„Ich kann weder Nashörner noch Löwen entdecken. Das Gras ist zwar trocken und nicht mehr ganz so dicht, aber immer noch sehr hoch um diese Jahreszeit – ein gutes Versteck für die Löwen."

Wir schauen dem Treiben an der Wasserstelle zu und bleiben eine Weile, bevor wir zur Main Road zurückfahren. Am Ende des Hügels reicht die Savanne links bis an die Straße heran. Rechts zieht sich ein trockener Streifen mit Büschen hin. Dahinter beginnt dichter Wald.

Der Ranger hält an, legt seinen Zeigefinger an den Mund und deutet schräg voraus auf einen vertrockneten Busch. Zuerst kann ich nichts erkennen. Dann sehe ich ein für mich nicht definierbares Etwas, das sich vom sandigen Boden abhebt, um gleich darauf wieder niederzusinken. „Ein Leopard!" Rita hat die besten Augen von uns dreien. Jetzt kann auch ich ihn ausmachen. Irene stupst mich. Auch sie hat ihn entdeckt. Durch sein gesprenkeltes Fell gut getarnt, liegt er versteckt hinter den Stämmen und Zweigen eines Busches. Er richtet sich auf. Die Schwanzspitze, die ich vorhin nicht einordnen konnte, hebt sich leicht und senkt sich wieder. Hockend lehnt er sich an die Stämme des Busches, scheuert ein paar Mal seinen Rücken und verschwindet mit zwei gewaltigen Sätzen im Dickicht des nahen Waldes.

„Hast du fotografiert?", frage ich Rita.

„Nein."

Sie war ebenso gefesselt und aufgeregt wie ich. An die Kameras in unseren Händen hat keiner gedacht. Brandan gratuliert. „Leoparden sind wirklich selten zu beobachten. Sie können zu Hause mit Stolz davon erzählen."

Am Afsaal genannten Picknickplatz rasten wir. Ein älteres Ehepaar begrüßt zuerst den Ranger und dann uns. Es bewohnt hier ein kleines

Holzhaus und lebt vom Verkauf von Getränken, Gebäck, Schokoriegeln, Bonbons und anderen Kleinigkeiten an Touristen. Die Temperaturen sind in den frühen Morgenstunden unerwartet kühl. Rita fröstelt ständig. Ich bestelle Tee für alle, frischen, heißen Tee, der uns gut tut zu den Toastschnitten und den gekochten Eiern, die wir den Lunchpaketen entnehmen.

„Die beiden sind Shangaans", erklärt Brandan. „Haben Sie das Cultural Village der Shangaans bei Hazyview besucht?" Als wir verneinen, beginnt er die Geschichte dieses Stammes zu erzählen:

„Shaka, der Häuptling der Zulus, schickte Soshangana, einen seiner besten Krieger, zusammen mit anderen in die Täler nördlich und östlich der Wand der aufgestellten Speere, wie sie die Drakensberge nannten, um dort die Tsonga zu unterwerfen. Diese bewohnten die Ebenen bis zum Indischen Ozean im heutigen Mosambik. Soshangana stieß auf friedliebende Stämme, die eine sehr fruchtbare Gegend bewohnten und er entschloss sich dort zu bleiben.

Soshangana lehrte den Bewohnern seiner neuen Heimat die Kriegskunst der Zulus und sie kleideten sich fortan in Felle und trugen Straußenfedern auf dem Kopf. Sie nannten sich nach ihrem neuen Anführer die Shangaans.

Shaka war verärgert und sandte weitere Krieger aus, die Soshangana töten und das Land der Shagaana für die Zulus erobern sollten. Doch auch diese Krieger vermieden den großen Kampf. Sie zogen es ebenfalls vor zu bleiben.

Auseinandersetzungen zwischen den Söhnen Soshanganas und einzelnen Clans ließen sich nicht vermeiden. Die Shangaans teilten sich. Einige zogen weiter nach Norden. Der größte Teil des Volkes blieb jedoch, trieb Handel mit den Portugiesen in Mosambik und bekämpfte sie, wenn sie in ihr Land einfielen. Die Männer verdienten in den Goldminen bei Johannesburg oder als Arbeiter beim Bau der Straßen und Eisenbahntrassen Geld, mit dem sie ihre Familien ernähren konnten.

Noch immer bewohnen Shangaans das Land zwischen den Drakensbergen und dem Krüger Park. Sie bewahrten ihre Tradition. Im Shangaan Cultural Village zeigen sie den Fremden ihr kulturelles Erbe."

Die Zeit verstrich schnell. Brandan breitete auf dem Tisch des Picknickplatzes eine Karte des Krüger Parks aus. Auf unsere Frage, ob wir bis zum großen Camp von Skukuza beim Krüger Gate kämen, winkt er ab. Dort seien die Straßen und befahrbaren Wege viel zu überlaufen. Er schlägt vor, den Berg Makhutlwanini zu umrunden, dann hinunter zu dem breiten Biyamiti River zu fahren und dem Flusslauf südwestlich zu folgen. Auf dieser Trasse verspreche er sich die besten Möglichkeiten zur Tierbeobachtung.

„Wir haben noch keine Löwen gesichtet", bemerke ich zu ihm. „Und keine Elefanten", ergänzt Irene. Das beste Gebiet für diese Tiere sei in der Umgebung des Biyamiti Wehrs, meint er und zeigt mit dem Finger auf die entsprechende Stelle der Karte. Da wir uns auf seinen Rat verlassen müssen, stimmen wir zu und brechen auf.

Vor uns liegt ein waldreiches Gebiet. Akazien kann ich erkennen, auch wilde Feigenbäume. Von Sykomoren habe ich schon einmal gehört. Die Tamboti, Jackal Berry, und Magic Guarri und viele andere, zum Teil riesige und weit ausladende Bäume bleiben für uns jedoch rätselhaft.

Brandan fährt, nachdem wir die Brücke über den Biyamiti River passiert haben, auf einer sandigen und steinigen Piste zu einer sehr versteckten Wasserstelle mit dem unaussprechlichen Namen Muhlambamadvube. Wir kommen einige Minuten zu spät. Die Elefanten ziehen sich gerade, von einer großen Staubwolke eingehüllt, in dichteres Buschland zurück. Sehr behutsam nähern wir uns dem Ufer, an dem auch eine Salzlecke zu sein scheint. Unter dem Schirm einer alten Akazie halten wir an, eigentlich nicht in voller Deckung, aber doch ausreichend geschützt, um das Geschehen beobachten zu können und ohne die Wildtiere aufzuschrecken.

Wir warten und beobachten Impalas, Zebras und Gnus, die in großer Zahl zugegen sind. Auf dem höchsten Baum in der Nähe der Wasserstelle sitzt ein Adler mit weißen Federn auf der Brust. Er verharrt noch immer regungslos, als wir unseren Standort wieder verlassen.

Am Biyamiti River erleben wir eine abwechslungsreiche Natur: Dicht bewachsene und feuchte Uferbänke in denen Vögel nach Nahrung suchen; Ibisse, die regungslos auf vorbeikommende Beute lauern; Löffler, die durch seichte Wasserstellen stolzieren und mit dem Schnabel den Boden abschlabbern. Der Schrei eines Greifvogels schreckt kleinere

Vögel auf, die bisher unsichtbar für uns in den Baumwipfeln saßen. Im Westen, jetzt rechts von uns, erhebt sich der Makhutlwanini, den wir vor einer Stunde umfuhren. Im Osten dehnt sich die Weite des Buschlandes schier endlos aus. Die vermeintlich stille Einsamkeit zeigt ihre auch trügerischen Seiten. Hyänen tauchen auf und verschwinden hinter Büschen ebenso rasch, wie sie gekommen sind. Welche Beute sie jagen, können wir nicht ausmachen.

Brandan verlässt die Sandpiste, umfährt einen Hügel und hält vor einem Wunder der Natur, einem der wenigen Affenbrotbäume im mittleren Teil des Krüger Parks, einem Baobab. Seine Silhouette zeichnet vor der tief stehenden Sonne in unseren Augen ein Bild wie aus grauer Vorzeit, fast unwirklich in seiner unausgewogenen Gestalt mit einem überdimensioniert dicken Stamm und einer Krone aus dünnen und weitgehend entlaubten Ästen. Einige Paviane halten eine Sitzung in seinem Umkreis, suchen sich gegenseitig das Fell nach Ungeziefer ab, knappern an gepflückten Fruchtknospen, säugen die Jungen, wenn diese gerade nicht miteinander spielen, streiten oder vermehren sich.

Ein gutes Stück weiter grasen Impalas. Dazwischen sind quer gestreifte Antilopen zu erkennen. „Nyalas", erklärt der Ranger. Das Fell der Männchen ist ruppiger und deutlich dunkler. Ein fast weißer Kamm zieht sich über ihren Rücken und ihre Hörner sind zuerst nach hinten und ab der Mitte elegant nach vorn geschwungen.

Noch bevor wir zur Sandpiste in der Nähe des Flusses wieder zurückfinden, erleben wir eine äußerst gespenstische Szene. Alfred Hitchcock hätte sie dramatischer nicht arrangieren können: Auf den kahlen Ästen von zwei vermutlich abgestorbene Bäumen sitzen mehrere Geier. Sieben zähle ich. „Hier müssen Löwen sein", meint Brandan. „Die Geier warten meist geduldig darauf, dass für sie verwertbare Reste übrig bleiben." Doch so sehr sich der Ranger und auch wir uns anstrengen, wir können weit und breit weder Löwen noch andere Raubtiere ausmachen, die ein gerissenes Tier ausweiden. Vermutlich beobachten die Geier die Umgebung wie wir vergeblich.

Der Fluss wird breiter. Langsam nähern wir uns einem Wehr, dem so genannten Biyamiti Weir, einem der wenigen Eingriffe in die Natur des Wildparks. Der Ranger hält an. Direkt am Rand der Sandpiste steht eine riesige Giraffe. „Ein alter Bulle", hören wir Brandan flüstern. Mit großer

Gelassenheit, zwar wiederkäuend jedoch sonst unbeweglich, blickt der Einzelgänger zu uns herab. Wer hat die längere Geduld? Nach einigen Minuten der gegenseitigen Musterung und Beobachtung zieht die Giraffe langsamen Schrittes davon. Auch wir setzen uns in Bewegung und fahren noch ein Stück, um unmittelbar am Fluss an einer Furt zu halten.

„Wir sind jetzt in der dritten Zone". Geduldig hören wir den Erläuterungen unseres Führers zu. „Der Biyamiti River mündet etwa 30 km von hier in den Crocodile River, der den Park im Süden begrenzt. Dazwischen befinden sich für uns nahezu undurchdringliche Wälder. Leider ist die Piste ab hier für uns gesperrt. Sie führt zu einer privaten Lodge, dem Biyamiti Rest Camp." Er hält inne. „Sehen Sie, ein Stück flussabwärts am anderen Ufer steht eine Gruppe Kaffernbüffel im hohen Gras." Aufgrund der Entfernung sind die Kerle mit ihren mächtigen Hörnern selbst durchs Fernglas nur schlecht zu erkennen. Für ein Foto reicht die Sicht nicht.

„Irgendwie sind wir vom Pech verfolgt. Wir sahen einen Leoparden, okay, ein seltenes Erlebnis, wir beobachteten drei Nashörner und wir sahen einige Elefanten verschwinden. Wo aber sind unsere Big Five?"

Brandan zieht unschuldig die Schultern hoch. „Ich würde sie ihnen gerne zeigen. Aber nicht jede Pirsch ist erfolgreich. Vielleicht haben wir doch Glück. Die zweite Hälfte der Tour liegt noch vor uns." Sagt es und rollt mit Allradantrieb durch die Furt des flachen Flusses.

Wir können noch jede Menge kleiner Antilopen beobachten, große Kudus, Zebras und Gnus, die sich irgendwie zu vertragen scheinen, ein Rudel Warzenschweine, Affen und was sich sonst noch alles in der Wildnis herumtreibt – aber keine Löwen und keine Elefanten.

Vor der Brücke über den Mlambane River, den wir vor Stunden an anderer Stelle und in die entgegengesetzte Richtung überfuhren, biegt Brandan wieder einmal auf einen schmalen Waldpfad ein. James heißt die Wasserstelle. Sie liegt am anderen Ufer. Mehrere Giraffen verrenken sich auf ulkige Weise, um ihre Hälse und ihren Kopf zum Trinken bis zum Wasser hinabstrecken zu können.

Der Ranger wird unruhig. „Einen Moment, bitte." Er fährt rückwärts nochmals bis zum Abzweig bei der Brücke. Jetzt sehen wir sie auch – Flusspferde. „Sie kommen manchmal vom Crocodile River im ruhigeren

Mlambane flussaufwärts, wenn der Crocodile River, wie in diesem Jahr eine extrem starke Strömung hat."

Die Tour nähert sich ihrem Ende. Brandan will jedoch sein Bestes geben. Kurz nachdem wir die Main Road erreichen, zweigt er nochmals in einen schmalen Verbindungsweg ein. Er vermutet hier Elefanten, die wir jedoch nicht aufspüren. Dafür entdecken wir ein White Rhino. Lange müssen wir uns nicht gedulden, bis ein zweites aus dem Busch tritt. Wie früh am Morgen sind auch diese beiden Breitmaulnashörner. Kleine Vögel machen sich an ihren Rücken zu Schaffen. Diese Piloten sind geduldet, sie suchen die Rhinos nach Insekten ab. Die Spitzmaulnashörner, die dieses Gebiet ebenfalls durchstreifen, sind sehr selten zu sehen, hören wir von Brandon, der mit ausgestreckter Hand nach vorne zeigt. Ein Hornrabe sitzt in der Krone eines Baumes. Er hat ein schwarzweißes Gefieder. Noch mehr fällt sein großer, gelber und höckeriger Schnabel auf, dem er seinen Namen zu verdanken hat.

Der Ranger fährt noch tiefer in das Gelände bis zum Saum eines dunklen Waldes, um Elefanten zu entdecken – ein letzter, leider wieder vergeblicher Versuch. Dafür hören wir lautes Brüllen. Wir können weder den Crocodile River noch die Hippos sehen. Nur einige Dächer ragen über den Bäumen hervor, die uns zeigen, dass wir uns genau gegenüber der Malelane Lodge in jenem Wald befinden, den wir gestern am Nachmittag von der Aussichtsplattform aus beobachteten.

Trotzdem sind wir drei – Irene, Rita und ich – sehr zufrieden. Der Tag war anstrengend. Wir wurden durchgeschüttelt, mussten uns im offenen Wagen ständig festhalten und dabei Ausschau halten. Die vielen Eindrücke ließen jedoch die Stunden viel zu schnell vergehen. Wir bedanken uns sehr herzlich bei Brandan, der seine Sache sehr gut machte und suchen nach Wolfgang, den wir im Liegestuhl im Schatten einer Akazie bei einem entspannenden Schläfchen finden.

Wolfgang fühlt sich Gott sei Dank wieder einigermaßen fit. Beim Dämmerschoppen am späten Nachmittag auf der Terrasse seines und Ritas Bungalows berichten wir von den spannendsten Erlebnissen und ermuntern ihn, am nächsten Morgen mit uns zusammen im Venture auf eigene Faust bei einer Pirschfahrt mitzumachen.

Ausgeruht und ganz gemütlich brechen wir nach dem Frühstück auf, stoßen nur einen Kilometer von der gestrigen Stelle entfernt wieder auf

Rhinos, fahren vorbei an Impalas, Kudus und Böcken entgegengesetzt der gestrigen Richtung bis zum Wehr und der Furt über den Biyamiti River, sehen Hippos, Büffel, Giraffen, Zebras, Gnus, Warzenschweine und zahlreiche Antilopen und kehren auch bei dieser Rundfahrt, zwar ohne Löwen und Elefanten gesehen zu haben, mit vollem Herzen zur Malelane Lodge zurück.

## Im königlichen Land der Swasi

Bereits beim Grenzübertritt wird uns bewusst: Wir sind endlich in Schwarzafrika angekommen.

Von Johannesburg bis zum Krüger Park begleiteten uns auf allen Wegen die Hinterlassenschaften der holländischen und britischen Kolonialzeit. Wir bewegten uns auch, ohne das gewollt oder gar danach gesucht zu haben, meist unter Weißen.

Jetzt streckt sich uns eine schwarze Hand entgegen, um unsere vier Pässe einzusammeln, zu begutachten und zu prüfen, die Gebühren zu kassieren und die Pässe mit zwei Stempeln und einem Visa zu versehen, das den Aufenthalt in Swasiland ab heute für drei Monate erlaubt. Auf der Straßenkarte von Satour wird als Grenzort das zu Südafrika gehörende Jeppe's Reef angegeben. Am Grenzhäuschen und in den Pässen lesen wir Matsamo. Die in einiger Entfernung zu sehenden bescheidenen Häuser und Hütten gehören zum Bezirk Mbabane, der nach der Hauptstadt dieses kleinen Landes benannt wurde.

Lächelnd und jovial mit der Hand winkend wünscht uns der Zollbeamte eine gute Reise, während sein Kollege gemächlich die Schranke hebt, damit wir passieren können.

Das kleine Königreich Swasiland entstand Mitte des 19. Jahrhunderts und wurde nach dem damaligen Stammeshäuptling Mswati, Swasi ausgesprochen, benannt. Es ist so groß wie Wales oder Sachsen und vergleichbar grün und bergig. Nur wenige Kilometer nach der Grenze im Norden beginnt eine fast üppige Flora, die durch kurze Regenschauer und zahlreiche Flüsschen begünstigt wird. Überall sind kleine Rundhütten zu sehen. Meist stehen zwei, drei oder vier zusammen – je nach Größe der Familien, denn jede Frau hat nach dem kulturellen Brauch Anspruch auf eine eigene Behausung.

Die Gesellschaft ist traditionell ländlich geprägt. Zwei Drittel der Bevölkerung leben von der Eigenversorgung auf dem Lande. Grund und Boden sind Eigentum des Königs. Er stellt das Land den Stammeshäuptlingen zur Verfügung, die es an einzelne Familien weitergeben. Obwohl 97 % aller Bewohner Swasi sind, befinden sich 45 % des Bodens im Besitz von Weißen. Ihr wirtschaftlicher Einfluss ist deshalb sehr bedeutsam.

Nach einer halben Stunde Fahrt durch eine sehr hügelige Gegend erklimmen wir mit dem Venture eine Passhöhe, Piggs Peak Pass genannt. Ein modernes Hotel gleichen Namens passt nicht so recht in die Landschaft. Ein nahes Casino soll Spielsüchtige aus dem nicht weit entfernten Südafrika oder zahlungskräftige Touristen anlocken. Wir steigen aus und interessieren uns mehr für die herrliche Natur. Wolken sind aufgezogen, die den Emblembe, den Berg der Spinne und die höchste Erhebung des Landes, mit einer Schleierfahne umhüllen. Ein Fluss bahnte sich ein breites Tal durch benachbarte Bergrücken, von denen ein steiles, felsiges Horn besonders ins Auge sticht – Piggs Peak.

Bereits in Südafrika machten wir mit ihnen unliebsame Bekanntschaft, hier in Swasiland sind sie allgegenwärtig – die Potholes, die Schlaglöcher, die Pneus und Achsen der Autos aufs Äußerste strapazieren. Sie sind nicht nur zahlreich, sondern meist auch tief und oft so dicht beieinander, dass man trotz eines Ausweichmanövers eines voll trifft.

Nach einem kurzen Regenguss kommt die Sonne wieder zum Vorschein. Wir halten an einer geeigneten Stelle in der Nähe eines Krals. Die frische, weiche Luft tut unseren Lungen gut. Hier in den Bergen herrschen angenehme Temperaturen. Die Region gilt nicht als Malariagebiet, anders als der Süden des Landes und das angrenzende Mosambik und die Nordküste der Provinz KwaZulu-Natal.

Ein einfacher Holzzaun aus aufgetürmten dicken Ästen schützt vier Rundhütten mit ihren Bewohnern, allen voran die Kinder, und das Kleinvieh vor Wildhunden und anderen, kleineren Raubtieren. Ein zweiter, aus lockeren Zweigen aufgehäufter Zaun markiert das der hier lebenden Familie zur Nutzung überlassen Areal. Alle Felder und Beete sind bestellt und ordentlich gepflegt. Eine junge Frau tritt hervor. Sie winkt ein paar Mal und zieht sich wieder zurück.

Einige Kilometer weiter warten Frauen an Verkaufsständen auf Kunden. Wir halten an. Aus Schilf geflochtene Körbe und Schalen, teilweise bunt verziert, Holzschnitzarbeiten, Töpfereien, Puppen und bunte Tücher, die sich als Kleider oder zur Kopfbedeckung eignen, werden angeboten. Ein Mädchen hält Rita und Irene mit Anmut einen Korb mit Kämmen entgegen. Offenbar hat sie damit schon öfters Erfolg gehabt. Die Frauen bewundern das eine und andere Stück und fragen nach dem Preis. Ich greife mir einen in meinen Augen besonders gelungenen

Steckkamm mit einem Mädchenkopf und langen Zinken, den ich betrachte und dann an meinen Kopf halte. „Wie wird das gemacht?", frage ich die Kleine. Ihre Muttersprache ist siSwati, sie versteht jedoch, wie alle anderen auch, Englisch. Sie nimmt mir den Kamm aus der Hand, greift mehrere ihrer dünnen Zöpfe, drapiert sie seitlich an ihren Kopf und steckt sie geschickt mit dem Kamm fest. Die Frauen sind wie ich begeistert und ich reiche ihr die geforderten Rand, die jedoch die Mutter entgegennimmt.

Ein Bus hat inzwischen, von uns angelockt, angehalten – Zeit für uns zum Aufbruch.

Wir haben noch eine dritte Begegnung mit den Einheimischen. In einer Kurve der von uns befahrenen Straße, die über eine Anhöhe führt, wurde seitlich davon eine größere Fläche planiert und mit Schotter befestigt. Die Stelle lädt zum Halten ein, da sie eine weite Sicht hinunter ins Lowveld, ins Flachland eröffnet. Kaum sind wir ausgestiegen, hören wir lautes Kindergeschrei. Sechs noch sehr junge Mädchen und ein Junge eilen herbei. Sie nehmen in einer Reihe Aufstellung, wiegen mit den Hüften hin und her, beginnen zu singen und mit dem ersten Schlag des etwas älteren Jungen auf eine Trommel zu tanzen. Ihre aus Schilfrohr gefertigten Röckchen heben und senken sich im Rhythmus ihrer schnellen, oft stampfenden Bewegungen. Sie werden immer schneller und schneller, bis sie ganz außer Atem ihre Tanzvorführung mit einem letzten, lauten Schlag auf der Trommel beenden. Wir bedanken uns bei ihnen mit heftigem Klatschen und stecken dem Jungen einige Rand zu. Die Kinder warten und schwätzen miteinander mit fröhlichem Gelächter, sind lieblich anzusehen, winken mehrfach und eilen erst davon, als wir mit dem Venture die Anhöhe erreicht haben. Erst jetzt können wir den Kral mit den Rundhütten jenseits des Hügels erblicken.

Unser heutiges Ziel erreichen wir am Nachmittag noch rechtzeitig zum Fünfuhrtee. In einer waldreichen Bergregion in der Nähe der Hauptstadt Mbabane liegt ein malerisches Tal, das die Swasi liebevoll Ezulwini nennen, das Tal des Himmels. Oben am Hang, umgeben von mächtigen Bäumen, grüßt die weiße Fassade des im englischen Kolonialstil erbauten Royal Swasi Sun Hotels, das wir bewohnen wollten, das aber leider Monate im Voraus ausgebucht war. Dem großen Plakat am Einganstor des Parks können wir entnehmen warum: Während unseres Aufenthalts werden die Royal Swasi Sun Open auf dem Golf Course des Hotels ausgetragen. So belegen wir die reservierten Zimmer im Schwesterhotel Lugogo Sun, das ebenfalls in der schönen Parklandschaft liegt und das mit seinen Einrichtungen allen Ansprüchen gerecht wird.

Mit dem Shuttle-Bus fahren wir kurz darauf hinauf zum Haupthaus des Royal. Auf Gäste mit überflüssigen Dollars wartet das bereits geöffnete Casino. Die Aussicht auf die schöne Landschaft ist für alle kostenlos. Wir genießen sie von der Terrasse im Garten aus, wählen beim Fünfuhrtee die mehr herzhaften Gerichte mit Räucherfisch und Roastbeef und wechseln rasch vom Ceylon Tee zu einem ordentlichen Bier. Als wir uns anschließend im Liegestuhl in der Wiese beim Pool niederlassen, kramt Wolfgang in den Taschen seiner Jeansjacke und holt Fläschchen mit Underberg hervor. „Zündkerzen" nennt er sie. Die Frauen sind nicht sehr entzückt, als jeder von uns sich zur Verdauung eine „reindreht".

Bei der Ankunft lag in der Lobby des Hotels eine Broschüre aus, die ich mitnahm – Swaziland The Royal Experience. Ich blättere darin und finde einen interessanten Artikel über die rituellen Tanzzeremonien der Swasi. Die Vorführung der Kinder auf der Anreise war Teil des wichtigsten und heiligsten Tanzes der Swasi, der Fruchtzeremonie, die am letzten Neumond eines Jahres im Dezember abgehalten wird:
Eine Gruppe vom Stamm der Bemanti wandert in dieser Zeit durch die Wälder bis zum Ozean in Mosambik, um mit Schalen den Schaum der Brandungswellen einzufangen, dem eine heilende und mystische Wirkung zugesprochen wird.

Wieder zurück beginnen die Kinder zu tanzen. Dann schwärmen die Jungen aus, sammeln Zweige des heiligen Busches, den sie Lusekwane nennen und stapeln diese für den König zu einem ihn schützenden Kral. Jetzt beginnt das eigentliche Incwala-Fest. Aus allen Teilen des Landes strömen die Menschen herbei. Die Männer tanzen an mehreren Tagen im Beisein des Königs zum Erntedank. Ein Tanz der Krieger, in Felle gekleidet und mit Speeren bewaffnet, beendet das rituelle Fest.

Nach dem Frühstück begeben wir uns zum Royal Swasi Golfplatz. Marc McNulty aus Simbabwe schlägt gerade ab, der vor ein paar Jahren die

German Open unter den Top Ten beendete. Wayne Westner führt das Leader Board an. Er gewann bereits gemeinsam mit Ernie Else die South African Classic; ein Könner des Golfspiels. Leider musste er nach einem Unfall einige Jahre später seine Karriere aufgeben.

Heute ist der Tag des Schaltjahres, der 29. Februar, und für uns ein eingeplanter Ruhetag. Wir selbst schalten auf Pause, wandern im Park des Royal, beobachten zwischendurch die Golfspieler, verbringen eine längere Ruhepause am Pool und entschließen uns dann nach Mbabane zu fahren.

Der viel gepriesene Markt bietet außer dem heftigen Einkaufstrubel nichts Reizvolles. Vom nahen Omnibusbahnhof ziehen dichte Abgaswolken über die Stände mit Obst und Gemüse hinweg. Zwei Polizisten bewegen sich lässig durch die Reihen. Ab und an lassen sie sich die Lizenzen der Händlerinnen zeigen.

Auf dem gesamten Platz herrscht dichtes Gedränge. Im Gegensatz dazu steht in den Einkaufsstraßen der neu erbauten Mall das Personal von Mr. Price, Bata und anderen gelangweilt herum. Das bescheidene Einkommen der Swasi reicht gerade für das Lebensnotwendige, nicht aber für die verführerischen Waren der Kettengeschäfte, die für sie bereits echten und unerschwinglichen Luxus darstellen. Ein afrikanisches Sprichwort lautet:

„Ebbe folgt nicht auf Ebbe. Dazwischen ist die Flut."

Leider hat sich diese Hoffnung für die meisten Swasi bisher nicht erfüllt. Sie gehören zu den ärmsten Menschen Afrikas.

Noch viel schlimmer als die hohe Armutsrate trifft die Swasi die ungebremste Verbreitung von AIDS. Swasiland hat die höchste HIV-Rate in der gesamten Welt – 39 % der Bevölkerung sind von dem grausamen Virus infiziert; bezogen auf die sexuell Aktiven, also ohne Kinder und Alte, sind es sogar 63 %.

Das große Sterben hält seit Jahren an und nimmt kein Ende und wer stirbt, stirbt auf dem Lande.

Wenn die grausame Krankheit ihr letztes Stadium erreicht und bei den Betroffenen sichtbar zum Ausdruck kommt, dann ziehen sich diese dorthin zurück, woher sie gekommen sind, um ihr Ende zwischen den grünen Hügeln abzuwarten, wo das Gras schnell über ihre Gräber wachsen wird.

Das kleine Königreich gerät wegen der anhaltenden Sterblichkeit in Panik, denn es steht zu befürchten, dass die Lebenserwartung in absehbarer Zeit auf 30 Jahre oder gar darunter sinken wird.

König Mswati III. führte 2001 das Keuschheitsgelöbnis für alle unverheirateten Frauen ein, was, bei Strafandrohung, einem Sexverbot für Jungfrauen gleichkam. Das gab ihm selbst eine gewisse Sicherheit bei der Auswahl seiner neuen Bräute.

Er nimmt jährlich an der zweitwichtigsten rituellen Zeremonie der Swasi teil, dem Umhlanga, Umschlanga gesprochen. Zu diesem farbenfrohen Schilfrohrtanz versammeln sich Ende August beim „Kral" genannten palastähnlichen Wohnsitz der königlichen Familie unberührte Frauen. Sie kleiden sich zu diesem Anlass mit einem kurzen, an einer Schulter gerafften Überwurf in den Farben ihres Clans, der mindestens eine Brust und die Beine freigibt. Aus dem langen Schilfrohr, das die Mädchen beim Tanz mit sich tragen, wird schließlich zum symbolischen Schutz der Mutter des Königs ein Windfang gebaut. Für den König, aber auch für andere Männer, bietet die jährliche Zeremonie eine gute Gelegenheit, sich neue Bräute auszuwählen, da die Anwärterinnen in ihrer ganzen Schönheit nahezu unverhüllt auftreten.

Auf der Rückfahrt zum Hotel erzähle ich von diesem Brauch. „Das finde ich prima." Wolfgang feixt auf dem Nebensitz. „Da weiß jeder gleich, was Sache ist."

„Na, das hast du doch bei uns auch vorher gewusst", tönt es aus dem Hintergrund.

Im September 2005 wählte und heiratete der König seine dreizehnte Frau und erklärte das spezielle Anti-AIDS-Programm seines Landes für beendet. Obwohl die Krankheit nicht besiegt und die Sterblichkeitsrate ungebrochen ist, bemänteln der König und sein mit ihm regierender Clan ihren Machterhalt mit der Pflege von Kultur und Tradition.

Davon haben die zurückbleibenden, hungrigen und verwahrlosten Waisenkinder nichts. Ihre einzige Hoffnung heißt „Schwarzer Topf". Mehr als 400 dieser Töpfe stellte die Unicef zur Verfügung, in denen von beherzten Frauen über qualmenden Feuerstellen täglich Maisbrei für 33.000 Kinder gekocht wird.

Kral in Swasiland

Clan- und Familienchef

König Mswati III.

Kinder beim Tanz

Nach dem Abendessen im Garten des Lugogo Sun lockt uns, gar nicht afrikanisch aber einladend, die fidele Musik einer irischen Folk Band in die Bar. Wir lassen uns am Tresen nieder.

Mit einem „Buenas" setzt sich kurz darauf eine sportliche Type an meine Seite.

„Sawubona" erwidere ich, was „Guten Morgen", „Guten Tag" oder auch „Guten Abend" bedeuten kann, je nach Uhrzeit.

„Sie sprechen perfekt siSwati". Leicht ironisch grinst mich mein Nachbar an.

Wer wie ich Golf spielt und sich für die großen Wettbewerbe interessiert, muss nicht lange rätseln. Ein blass-rotes Gesicht mit ein paar Sommersprossen und rot-blondes, lockiges Haar hat nur einer, Miguel Angel Jimenez aus Spanien. Er bestellt sich ein großes Bier.

„Wie war die Runde?", will ich wissen.

„Wayne und Marc haben gute Chancen. Ich hoffe für mich, unter den besten Zehn zu landen. Die Bahnen sind sehr eng. Das Rough ist schrecklich."

Mehr ist aus ihm nicht herauszuholen. In wenigen großen Zügen leert er sein Glas und verschwindet so lautlos, wie er gekommen war.

Wir bleiben auch nicht lange. Zu früher Stunde ziehen wir uns zurück und schalten das Licht aus, denn morgen geht es beizeiten weiter.

Pünktlich um acht Uhr starten wir bereits, eine Stunde früher als sonst üblich. Etwa 285 km müssen heute bewältigt werden. Mindestens sechs Stunden veranschlagen wir dafür, da die Straßen schmal, kurvenreich und mit Schlaglöchern übersät sind. Wir entscheiden uns deshalb innerhalb Swasilands für die kürzeste Strecke in Richtung Süden zur Grenzstation Mahamba, da wir auf bessere Straßenverhältnisse in Südafrika hoffen. Die Route wurde uns beim Abschied im Hotel auch als reizvoller und zugleich sicherer beschrieben als die Fahrt über das Tiefland an der Grenze zu Mosambik, da diese streckenweise durch Gegenden führt, in denen die Malaria weit verbreitet ist.

Wieder begeistert uns dieses landschaftlich schöne Land, in dem, weit ab von der Globalisierung, alles noch sehr ursprünglich und unverfälscht geblieben ist. Bei der Anreise erlebten wir ein zerklüftetes Gebirge mit schroffen Gipfeln und tiefen Schluchten. Die angenehmen Temperaturen, die uns dort und in den Hügeln von Ezulwini zwei Tage lang begleiteten, ändern sich allerdings rasch, denn das Bergland mit trockener Luft, subtropische Savannen und tropisches Tiefland liegen hier nur einen größeren Fußmarsch voneinander entfernt. Die Unterschiede lernen wir am eigenen Leib wie bei einer Studienreise für die klimatischen Verhältnisse Swasilands kennen.

Zuerst fahren wir hinunter in das hügelige Midveld, dessen fruchtbares Grasland den Swasis gutes Weideland bietet. Das Thermometer steigt. Im so genannten Grand Valley stößt dann die Klimaanlage des Ventures an ihre Grenzen. Trotz Kühlung rennt der Schweiß von der Stirn. Wir öffnen alle Fenster und lassen uns den Fahrtwind um die Ohren wehen. Draußen sehen wir offenes Buschland einer typisch afrikanischen Savanne. Abwechselnd kommen wir an Plantagen mit Zuckerroh, Zitrusfrüchten und Baumwolle vorbei. Überall stehen Krals und Rundhütten verstreut in der Landschaft. Auf einen Stopp verzichten wir.

Nach zweieinhalb Stunden taucht die erste kleine Ortschaft auf, Nhlangano. Wir halten und tanken, da wir nicht wissen, wann sich dazu wieder Gelegenheit bietet. Nur noch 18 km sind es von hier bis zur Grenzstation Mahamba. Dort verlassen wir ein kleines schwarzafrikanisches Königreich, das für uns voll von Überraschungen war und uns nicht mehr fremd ist. Hamba Kahle – Auf Wiedersehen Swasiland.

Ungebändigtes KwaZulu-Natal

Wir fahren an der Grenze Swasilands in einem zu Mpumalanga gehörenden schmalen Streifen in Richtung Osten. Das Land bleibt grün und hügelig, die Straße gefährlich, denn die Potholes werden auf der gut ausgebauten National Route 2 zwar weniger, dafür umso tiefer.

Nach weiteren zwei Stunden erreichen wir bei Pongola die Provinz KwaZulu-Natal, die ganz in der Nähe an den Indischen Ozean grenzt.

Zwischen den Ausläufern der Lebombo Mountains, die aus dem südlichen Swasiland hervortreten, und den Mbombo Mountains strömen breite Flüsse hervor, die zu unserer Linken zu dem großen Lake Jozini gestaut wurden. Nördlich davon liegt der Lake Sibaya, südlich der Lake St. Lucia. Dazwischen erstreckt sich eine unendliche Sumpflandschaft, auf die wir von der sehr hoch liegenden Straße hinunterblicken. Zarte Dunstschleier schweben darüber. Stellenweise reicht der Blick bis zum Ozean. Mehrfach legen wir Pausen ein, um das wechselnde Schauspiel der Natur bewundern zu können.

Wir machen mit dem Fernglas Vogelschwärme aus, auch eine Elefantenfamilie. Nirgendwo erlebten wir bisher auf der Reise eine so vielfältige und unverfälschte Wildnis. Der Elephant Game Park, das Pongola Nature Reserve, das Mkuzi Game Reserve und der Lake St. Lucia Park wechseln vor unseren Augen einander ab. In dem spärlichen offenen Buschland, den weiten küstennahen Dünenwäldern, den gefährlichen Mangrovensümpfen und in den Flüssen und Seen tummelt sich eine großartige Tierwelt. Auf der Pirsch kann man sowohl die Big Five antreffen als auch die das Wasser liebenden Krokodile und Flusspferde, alle Arten von Antilopen und eine große Vogelwelt. Im Lake St. Lucia und bei den der Küste vorgelagerten Korallenriffen halten Taucher und Schnorchler Ausschau nach tropischen Fischen. Die farbenprächtige Unterwasserwelt soll einmalig sein.

Leider bleibt diese wilde Landschaft uns verschlossen. Die Weltgesundheitsorganisation hatte vor der Abreise alle Signale auf Rot gestellt und die Leiterin des für unseren Wohnort zuständigen Gesundheitsamtes warnte eindringlich, trotz der empfohlenen und auch praktizierten Prophylaxe, vor einer Infektion mit Malaria in den feuchten Niederungen von KwaZulu-Natal. Wehmut kommt trotzdem nicht auf, da wir dafür andere, weniger gefährliche Plätze zur Tierbeobachtung in die Reiseroute eingeplant haben.

Für die heutige Übernachtung buchten wir Zimmer in der Bushlands Game Lodge in einem privaten Reservat bei Hluhluwe. Das Städtchen zwischen dem Lake St. Lucia und dem Hluhluwe-Umfolozi Park ist idealer Ausgangspunkt für geführte Safaris und Touren auf eigene Faust. Sinnigerweise wird in den Reiseunterlagen keine Straße angegeben, sondern nur die PO Box 79, das Postfach.

Beim Suchen stoßen wir in einem Waldgelände auf ein Hinweisschild mit der Aufschrift „DumaZulu Cultural Village". Drei Land Rover parken auf einer Lichtung vor einem aus dicken Ästen und Stämmen errichteten Holzzaun. Die Fahrer und Beifahrer steigen aus und verschwinden in einer Lücke, die als Eingang gedacht ist. Wir halten an und folgen den Fremden. Ein bulliger und unfreundlich blickender Weißer sitzt hinter einem primitiven Holztisch – vor ihm ein großes, rundes, halb mit Sand gefülltes Glas, in dem sich eine auffällig gemusterte Schlange zu einem Knäuel zusammenzieht.

„Eine sehr giftige Viper", murmelt mein Gegenüber zwischen seinen graumelierten Bartstoppeln hervor.

Ich ziehe die Augenbrauen und die Schultern hoch, um ihm zu bedeuten, dass mich das wenig berührt und sage „Hallo".

„Sie sind die Deutschen!?" Er blickt zu mir hoch. Eine Feststellung? Eine Frage? Auf mein Nicken hin kommt ein kurzes „Welcome" über seine Lippen, das er mit einem „Fünf Dollar für jeden" ergänzt.

Sonderbar. Wir werden nur in der Lodge erwartet, nicht hier. Gehören er und das Village dazu? Wir geben ihm den Gegenwert in Rand, ohne seine Bemerkung weiter zu kommentieren.

Kein Danke, keine Information, nur eine Handbewegung die uns auffordert hineinzugehen.

Gleich darauf stehen wir in einem bewohnten Museumsdorf mit mehreren stabil gebauten Rundhütten aus Schilfrohr. Davor sitzen in Gruppen Männer, Frauen und Mädchen.

Eisen wird geschmiedet – eine Kunst die von den Hethitern über das Reich der Ägypter bereits 1.500 Jahre vor Christus bis zu den Nubiern am Oberlauf des Nils in Schwarzafrika vordrang, aber auch über Arabien im 13. Jh. noch vor dem Eintreffen der Kolonialmächte bis in das heutige Simbabwe und von dort über den Limpopo ins Land der Bantus im äußersten Süden gelangte.

Junge Frauen töpfern, flechten Körbe und stellen Stoffbahnen aus Bastfasern her. Einige fädeln Perlen, die sie zu sehr kunstvollen Strängen und Bändern zusammenfügen. Sie werden als Schmuck um den Kopf gebunden, als Armreif getragen oder wie ein Collier um den Hals gelegt. Die Frauen lachen herzhaft, als ich sie dabei fotografiere.

Einige Frauen tragen aus Perlschnüren gefertigte Hüte mit originellen Mustern, die sie in stolzer Haltung präsentieren.

Etwas schüchterner sitzen Mädchen im Schatten eines Baumes. Sie tragen eine Kappe aus Perlen über ihren zusammengebundenen Haaren. Ein Ranger erklärt gerade der vor uns eingetroffenen kleinen Gruppe, dass nach dem Brauchtum des Clans dieser Zulu nach der ersten Regel die Haare nicht geschnitten werden dürfen und solange versteckt unter der Kappe bleiben, bis die Mädchen verheiratet werden.

Eine Gruppe Männer hat in zwei Reihen Aufstellung genommen. Sie sehen verwegen aus. Um die Stirn haben sie einen Streifen Fell gebunden, in dem sie eine Straußenfeder befestigten. Als Lendenschurz tragen sie Felle von Leoparden oder Springböcken, ferner um die Oberarme, Hände und Fesseln zottelige weiße Felle, vielleicht von Affen, und in den Händen führen sie Speere und Schilde mit sich. Sie formieren sich zu wechselnden Bildern und führen einen Kriegstanz auf, der von heftigen Trommelschlägen und lautem Schreien begleitet wird. Die Erinnerungen an die Auseinandersetzungen mit den Buren und den Briten werden wach. Die Zulu leisteten heftigen Widerstand, als die Fremden ihnen ihr Land streitig machten. Oft behielten sie die Oberhand und warfen die Eindringlinge zurück, wenngleich diese letztendlich durch den Einsatz ihrer Feuerwaffen siegen konnten.

Wir verabschieden uns. Einen der Ranger fragen wir nach dem Weg zur Bushlands Game Lodge. Es sei nicht mehr weit meint er. „An der ersten Abzweigung halten Sie sich links und nach einigen hundert Metern nehmen Sie rechts die Sandpiste. Sie endet am Gate der Lodge."

Lange müssen wir nicht mehr suchen. Ein Hinweisschild markiert die Zufahrt über den angekündigten Sandweg. Der Wald wird lichter und kurz darauf halten wir an den Schranken des Eingangstors.

Gesichter Südafrikas

Kriegstanz
im
DumaZulu Cultural Village

Das Logo der Lodge auf der Tür zum Empfangshäuschen ziert ein Narina Trogon als Wappentier, ein farbenprächtiger Vogel, von dem ich nie zuvor etwas hörte, und der, wie der ausliegende Prospekt verrät, hier in den tropischen Wäldern beheimatet sein soll.

Trogon
Blume des Waldes

Der Mann hinter dem Tresen freut sich über unsere Ankunft. „Nun sind wir komplett", sagt er mehr zu sich selbst als zu uns. „Das Tor wird jetzt geschlossen. Wir öffnen jedoch rechtzeitig, damit die Gäste morgen früh um 5 Uhr am Gate des Hluhluwe Parks sein können."

Er blättert in seinen Unterlagen. „Wie ich sehe, haben Sie noch nicht gebucht. Wir haben noch eine Tour frei. Sind Sie einverstanden, dass ich für Sie alles klar mache?"

„Nein danke, das ist nicht erforderlich. Wir wollen selbst mit dem Venture den Park durchfahren."

Er versucht noch einmal, uns zu gewinnen: „Unsere Ranger wissen, wo sich die Big Five verstecken."

Enttäuschung spricht aus seinem Gesicht, als wir erneut dankend ablehnen und die Zimmerschlüssel entgegennehmen.

Nach einigen hundert Metern öffnet sich der Wald. Wolfgang hält an und wir beginnen zu staunen. Wir stehen am Rande einer kilometerweiten Savanne. Zebras grasen direkt vor uns. Antilopen fliehen vom Geräusch des Ventures aufgeschreckt in einer vom Wind getragenen Staubwolke, um gleich darauf abrupt innezuhalten. Große Kudus queren langsamen Schrittes das Terrain. Und in weiter Ferne, wo das Grasland in den Busch übergeht, stehen Elefanten dicht beieinander. Wir holen die Ferngläser hervor. So kommen wir indirekt den Tieren näher.

„Ein kleines Paradies." Rita bringt die Eindrücke auf den Punkt. „Wie bist du auf diese Lodge gekommen?"

„Das war eine Empfehlung von Satour, wie die meisten anderen Unterkünfte auch."

Links voraus ragen die Dächer des Haupthauses zwischen den Baumwipfeln hervor. Rechts reihen sich mehrere Gästehäuser aneinander, alle aus Holz erbaut, mit großen Terrassen und auf Stelzen gesetzt, damit Schlangen und andere Amphibien nicht eindringen können. Stege verbinden wie Brücken die Bungalows untereinander. Das Haus 7 mit unseren beiden Appartements steht zwischen zwei Schirmakazien unmittelbar am Rande des Graslands. Wieder einmal verspüren wir große Glücksgefühle. Hier erleben wir Afrika hautnah. Der Ort weckt Erinnerungen an den Film „Jenseits von Afrika". Er könnte Teil der von der Dänin Karen Blixen geschriebenen Episoden sein – nur mit dem Unterschied, dass nicht Meryl Streep, Robert Redford und Klaus Maria Brandauer die Akteure sind, sondern Irene, Rita, Wolfgang und ich.

Die Dämmerung kündigt sich an. Wir machen uns auf den Weg zum Haupthaus, das man hierzulande Boma nennt. Ein Steg führt hinüber. Er liegt am Boden auf, damit die Tiere darüber hinweg können. Ein Zebra steht unmittelbar neben dem Steg. Wolfgang nähert sich ihm langsam. „Sei vorsichtig", ruft Rita. Ohne vorherige Anzeichen hebt das freche Biest blitzschnell das Hinterteil und schlägt aus. Glück für Wolfgang – das Zebra verfehlt ihn. Langsamen Schrittes entfernt es sich. Minuten vergehen, bis unser Pulsschlag sich wieder normalisiert.

Bisher begegneten wir weder anderen Gäste noch dem Personal der Lodge, auch nicht beim großen Speisesaal, an dessen Fenstertüren wir vorübergehen. An die Terrasse grenzt ein von Bäumen und blühenden Büschen umstandener Swimmingpool. Das trübe Wasser wirkt nicht gerade einladend.

Am Ende der Boma sehen wir rustikale Tische und Stühle. Sie gehören zu einer Bar im Freien, die unter einem Baumriesen aufgestellt wurde. Ein fast noch kindliches Gesicht einer zierlichen Afrikanerin blickt hinter dem Tresen hervor. Sie begrüßt uns in isiZulu. Ihre Muttersprache verstehen wir natürlich nicht, aber ihr offenes Lachen, das von Herzen kommt. Wir bestellen Bier. Sie zapft vom Fass. Jeder Handgriff geschieht langsam. Geduld wird uns abverlangt. Zwar haben wir viel Zeit, aber der Anblick des ersten vollen Glases steigert den ohnehin vorhandenen Durst. „Die Eingeborenen mögen die Schnelligkeit nicht, so wie wir den Lärm nicht mögen." Karen Blixens scharfsinnige Beobachtung in ihrem Roman „Afrika, dunkel lockende Welt" trifft den Nagel auf den Kopf.

Der erste große Schluck bringt die Erlösung. Die Gesichter hellen sich auf und wir beginnen, die uns umgebende Natur wieder verstärkt wahrzunehmen. Wir bleiben die einzigen Gäste beim Dämmerschoppen, lehnen uns zurück und beginnen die Bäume ringsum und den Himmel über uns zu beobachten. Wolken, rötlich von der untergehenden Sonne gefärbt, wehen langsam dahin. Vorbeihuschende Affen unterbrechen mit ihrem Geschrei die Stille des Waldes, in den wir hineinlauschen. Ein Vogel piepst. Zu sehen ist er nicht. Viel wird nicht gesprochen. Jeder von uns sucht die Entspannung nach der anstrengenden langen Fahrt und genießt die Ruhe. Ein Schwirren setzt ein, das stetig anschwillt und irritiert. Wir verstehen es erst einzuordnen, als ein Schwarm von hunderten uns unbekannten Vögeln vorbeizieht. Vermutlich sind sie zu ihrem Nachtlager am Lake St. Lucia ganz in der Nähe unterwegs.

Die Kleine kommt lächelnd herüber und macht darauf aufmerksam, dass das Dinner um sieben Uhr beginnt. Wir bedanken uns bei ihr und gehen in den Speisesaal. Überrascht stellen wir fest, dass eine größere Gruppe, unbemerkt von uns, bereits an einer langen Tafel Platz genommen hat. Der Grauhaarige mit den Bartstoppeln, der im DumaZulu Village an der Kasse saß, führt das große Wort. Er ist der Chef der Lodge, wie wir später erfahren. Ein Kellner führt uns zu einer zweiten Tafel, an der bereits einige Paare sitzen. Er deutet auf die vier Plätze am äußersten Ende, die wir einnehmen. Dazwischen bleiben einige Stühle frei.

Der Patron wendet sich unserer Tafel zu und wechselt mit den anderen Gästen einige Worte. Zu uns kommt er nicht. Wir scheinen ihm gleichgültig zu sein. „Sie sind die Deutschen!?" Das war am Nachmittag seine ganze Feststellung.

Ich erinnere mich an das Bemühen des Afrikaners im kleinen Empfangsgebäude am Gate der Lodge, der uns für eine Buschfahrt gewinnen wollte. Wer nicht bucht, der läuft Gefahr ignoriert zu werden.

Die ausliegende Karte kündigt zum Dinner ein „Traditionelles, südafrikanisches Menü" an, ohne Einzelheiten zu verraten. Das übernimmt der Koch persönlich. „Wir beginnen mit gerösteten Garnelen auf gewürfelten Avocados mit einer würzigen Sauce", verkündet dieser. Frisches Weißbrot und Toast werden dazu gereicht.

Wolfgang blätterte bereits ausgiebig in der Weinkarte. „Bei den Getränken darf ich euch überraschen." Sagt es und bestellt geheimnisvoll die Nummer 14.

Ein zufriedenes Lächeln huscht über sein Gesicht, als wir ihm kurz darauf anerkennend zuprosten. Er wählte einen Sauvignon blanc von Bellingham in Franschhoek aus. „Mit einer Flasche von Bellingham kannst du nichts falsch machen", verkündet er selbstbewusst.

Beim Hauptgang stochert Wolfgang lustlos mit der Gabel auf dem Teller, ohne auch nur einen Bissen zu sich zu nehmen. Die Mimose in ihm beginnt zu treiben und auszuschlagen. Der Koch war wieder erschienen. Er hatte einen „Braten von zarter Antilope garniert mit Gemüse auf hausgemachten Nudeln" angesagt. Das war zuviel für ihn.

Ich bestellte rechtzeitig zum Fleischgang einen Merlot von Delheim in Stellenbosch, den der Kellner inzwischen einschenkte. „Wolfgang, trink erst einmal einen Schluck Roten. Der regt an und macht dir vielleicht auch etwas Mut."

„Ein Rinderfilet wäre mir lieber."

„Hab' dich nicht so." Rita greift ein. „Das Fleisch ist wirklich zart und schmeckt wie Rehbraten. Zumindest ähnlich."

Der Keller hatte mir bereits beim Servieren verraten, dass das Fleisch vom Kudu sei. „Was Besseres können Sie in ganz Afrika nicht bekommen", flüsterte er mir ins Ohr. Ich behalte mein Wissen für mich.

„Wolfgang", Irene wirkt ganz aufgeregt, „dreh dich einmal um, dein Freund schaut zum Fenster herein." Nicht nur wir, auch die anderen Gäste am Tisch müssen laut herauslachen. Ein Zebra steht auf der Terrasse und drückt seine Nüstern ans Fenster. Wolfgang verkneift sich einen Kommentar.

Gleich nach dem Nachtisch ziehen wir uns zurück. Am Ende der Terrasse, wo der Steg zu den Gästehäusern beginnt, bleiben wir erschrocken und gebannt stehen. Der zunehmende Mond erhellt eine fast unwirkliche Szene. Keine zwanzig Meter entfernt steht ein Elefant und saugt Wasser mit dem Rüssel aus dem Pool.

„Was machen wir jetzt?" „Abwarten!" „Deshalb die braune Brühe." „Kann das für uns gefährlich werden?" „Ich glaube nicht. Er weiß, dass hier Menschen in der Nähe sind." „Ruhe, nicht sprechen."

Die Nacht schluckt unsere Fragen und Bemerkungen. Der Elefant hebt den Kopf und pustet Wasser aus dem Rüssel in die Luft. Dann setzt er vorsichtig einen Fuß hinter den anderen. Er kann die Stelle nur rückwärts verlassen, da er zwischen zwei Bäumen steht. Nach drei, vier Meter beginnt er sich zu drehen. Auf leisen Sohlen macht er sich davon.

Wir verabschieden uns bei den Zimmern. „Sechs Uhr Frühstück, sieben Uhr Abfahrt?" „Einverstanden!"

Der Ventilator läuft auf kleinster Stufe. Der leise Windhauch dieser nostalgischen Klimaanlage muss für das Wohlbefinden reichen. Wir ziehen die Moskitonetze sorgsam zu und schließen die Augen.

## Erneut auf Pirschfahrt – Hluhluwe

Noch vor dem Läuten stelle ich den Wecker ab. Seit einer Stunde liege ich sehr unruhig im Bett. In meinen Gedanken versuche ich mir die günstigste Route für die heutige Pirschfahrt einzuprägen, nicht wissend, ob die Besucherinformation, die mir Satours zuschickte, auch tatsächlich die besten Beobachtungsplätze wiedergibt. Wo halten sich die Elefanten auf, wo die Büffel und wo verstecken sich die Löwen, wenn sie nicht auf Streifzug gehen?

Ich stehe auf und ziehe die Vorhänge beiseite. „Irene", flüstere ich, „schnell, ein Kudu, genau vor dem Haus." Was für eine Überraschung in der Morgendämmerung und was für ein Anblick. Ein Bock. Er muss das Rasseln der Ringe, die den Vorhang halten, vernommen haben. Unbeweglich starrt er zu mir herüber. Ein Wildhüter würde einschätzen können, wie alt der Kudu sein mag. Seine gedrehten, kräftigen und langen Hörner zeichnen ihn als starken Kämpfer aus. Zur Brunftzeit wird der Einzelgänger einen eigenen Harem erobern können.

Einige Impalas, die dicht bei dem Kudu stehen, drehen ihren Kopf scheu und gleichzeitig aufmerksam nach allen Seiten. Beim leisesten Geräusch springen sie hastig hinter Büschen in Deckung, um gleich darauf wieder langsam hervorzukommen.

Huut-huut... huut-huut... tönt es aus der Schirmakazie. Ein farbenprächtiger Trogon begrüßt das zarte Licht des Morgens und macht zugleich die Weibchen auf seine ganze Schönheit aufmerksam. Die Khoi gaben ihm diesen Namen nach einer Frau, die „Blume" hieß. Trogon, die Blume des Waldes.

Das Drehen des Türdrückers reicht bereits aus, um den Kudu in die Flucht zu jagen. Er kann uns noch nicht gesehen haben. Trotzdem hetzt er los, in den Wald, wo er verharrt. Seine wunderschönen Hörner verraten seinen Standort.

Noch vor sieben Uhr brechen wir auf. Die Getränke und das Abendessen schrieben die Bedienungen gestern auf die Zimmerrechnung. Der Mitarbeiter an der Kasse im Empfangshäuschen zuckt hilflos mit den Schultern, als wir bezahlen wollen. „Der Computer geht leider zurzeit nicht. Wir haben keinen Strom. Bitte gedulden Sie sich. In einer Stunde ist bestimmt alles wieder okay.“

So lange wollen wir jedoch nicht warten. Da er sich nicht in der Lage sieht, eine Rechnung von Hand zu erstellen und bar zu kassieren, schreibe ich eine Notiz an den Stoppelbärtigen: „Dear Manager, wir wollten bezahlen, aber Sie hatten keinen Strom und wir keine Zeit zum Warten. Wenn Sie die Rechnung an unsere Anschrift senden, erhalten Sie umgehend von uns einen Scheck.“ Ich füge meine Adresse hinzu und unterschreibe so, wie er uns begrüßte, mit „Die Deutschen“.

Wir verließen die Bushlands Game Lodge am 3. März. Anfang April ging die Rechnung ein, die ich noch am gleichen Tag mit einem Verrechnungsscheck beglich. Im Mai erhielt ich eine Mahnung, die ich unter dem Hinweis auf den übermittelten Scheck beantwortete. Dieser wurde am 5. Juni belastet. Mitte Juni ging eine erneute Mahnung ein. Ich klärte den Manager in meiner Antwort darüber auf, dass schon längst alles beglichen sei, einschließlich eines Trinkgeldes von 12 %, das er doch an den Service weiterreichen möge. Den Brief schloss ich, und ich konnte mir das einfach nicht verkneifen, „Mit besten Grüßen. Die Deutschen.“

Am Memorial Gate des Hluhluwe Umfolozi Parks empfiehlt der Ranger für die Beobachtung von Elefanten und Büffeln auf der westlichen Route zu beginnen. Löwen halten sich hier nicht auf, erfahren wir auf unsere Frage, sie sind eher im mittleren Teil des Parks zu beobachten. Auf einer Karte, die er überreicht, zeigt er auf die markantesten Punkte. „Schauen Sie nicht nur auf den Busch, sondern in den Busch“, rät er vor dem Weiterfahren und fügt noch hinzu: „Bleiben Sie im Wagen, dort sind Sie immer sicher.“

Wir folgen seinem Rat und nehmen gleich nach dem Gate die rechte Straße, die zu den Bergen führt. Das im Vergleich zum Krüger Park offenere Buschland lässt hoffen, dass wir hier noch mehr Tiere beobachten können.

Die erste Anhöhe ist rasch erreicht. Ein lang gezogener Bergrücken im Westen begrenzt das Naturreservat. Dazwischen liegen mehrere Täler und sanfte Hügel. Das Geräusch des Motors schreckt einige Impalas und Vögel auf. Wolfgang steuert den Venture über eine staubige Piste zu einem ersten Aussichtspunkt, der einen weiten Rundblick auf die offene Landschaft freigibt. Im lockeren Busch stehen wieder Impalas; dazwischen einige Nyalas, die an ihrem quer gestreiften und dunklerem Fell zu erkennen sind. Bei den Baumgruppen am Hang recken Giraffen die Hälse nach saftigen Blättern und dünnen Zweigen.

Kurz hinter der Anhöhe fällte die schmale Straße steil ab, um gleich darauf in einer scharfen Kurve nach Süden abzuknicken. Das steilere Gelände liegt jetzt links von uns. Rechts voraus führt die Straße zu einer weiteren Anhöhe hinauf. An einer Weggabel steht ein Schild mit der Nummer 21; eine Markierung, die wir auch auf der Karte des Parks finden. Wir entscheiden uns für den rechten Trail. Ein weiteres Schild, diesmal mit einer Kamera, kündigt den nächsten Aussichtspunkt an, den Magangeni Point. Wolfgang biegt auf die Sandpiste ein, die zu einer wildromantischen Kuppe führt, an deren Seite ein Tal von unbeschreiblichem Reiz liegt. Auf dem mehr steinigen und felsigen Gelände wurzeln zwei halbverdörrte Bäume, durch die Wolfgang den Venture hindurchlenkt. Bald haben wir den höchsten Punkt erreicht. Die Sandpiste führt seitlich an ihn heran.

Als das Gelände kurz vor dem Ende des Weges den Blick in das dahinter liegende Tal voll freigibt, bremst Wolfgang den Wagen so abrupt, dass die Reifen knirschen und wir von den Sitzen gehoben werden. Unmittelbar vor uns, höchstens zehn Meter entfernt, läuft ein Nashorn direkt auf uns zu. Das Tier hält, ebenso überrascht wie wir, unvermittelt inne. Es ist der Bulle. Nur wenige Schritte hinter ihm grast das Weibchen mit einem Jungen.

Wir sind sprachlos. Wenn jemals in unserem Leben die vorindustrielle Zeit unberührter Natur und Wildnis zu erahnen war, dann in diesem Augenblick, in dem ein Nashorn uns zum Halten zwingt, uns in unsere Schranken weist, uns zeigt, wer Herr in dieser – zwar in einem Park geschützten – in Worte kaum fassbaren Welt unzerstörter Natur liegt.

Der Pulsschlag steigt vor Aufregung. Das Nashorn steht regungslos mit erhobenem Kopf direkt vor uns. Ich starre gebannt auf das lange, kräftige Horn.

Wolfgang legt den Rückwärtsgang ein. „Wenn der Bulle angreift, fahre ich langsam zurück. Der Aufprall wird dann schwächer."

„Gib Acht, dass der Motor nicht abstirbt."

„Sollten wir nicht besser gleich fahren?"

Wolfgang ignoriert das Angstgeflüster aus dem Hintergrund mit einem selbstbewussten „Nein!"

Noch immer steht der Bulle wie angewurzelt. Nashörner sollen scheu sein; dieser Bulle ist es offenbar nicht. Wenn er losstürzt, würde die Kraft und die Masse den Venture glatt umstürzen können. Seine Brust weitet sich plötzlich deutlich. Er schnauft tief durch. Weiter geschieht nichts. Seine lange Oberlippe kennzeichnet ihn als Breitmaulnashorn, das auf Englisch fälschlicherweise White Rhino genannt wird. Irgendjemand übersetzte das niederländische Wort „wijd" mit „white". Zur Unterscheidung werden die Spitzmaulnashörner als Black Rhino bezeichnet, obwohl beide eine ziemlich ähnliche graue Hautfarbe aufweisen.

All das geht mir im Moment durch den Kopf, obwohl es bedeutungslos ist. Hauptsache, der Bulle bleibt friedlich. Darum geht es und um nichts anderes. Wir können nichts tun, außer uns ruhig zu verhalten und abzuwarten. Ein komisches, fast beängstigendes Gefühl, wenn man nicht handeln, nicht eingreifen kann, nichts anderes machen kann, außer abzuwarten was passiert und die Hoffnung zu hegen, dass eben nichts Schlimmes geschieht.

Das Weibchen bringt die Erlösung. Wir wissen nicht, wie viele Minuten inzwischen verstrichen sind. Dem Gefühl nach verging eine Ewigkeit, bis die Kuh, das Jungtier immer an ihrer Seite, tiefer in das hohe Gras hineindrängt, den Abhang hinunter marschiert und in den Büschen verschwindet.

Das Verhalten des Bullen ändert dies nicht, obwohl er mit seinem feinen Gehör bemerkt haben muss, dass seine beiden Schützlinge sich zurückgezogen haben. Unbeeindruckt steht er wie in die Landschaft gemeißelt. Weitere Minuten vergehen. Plötzlich, seine Brust weitet sich wieder, unvermittelt, mit großer Schnelligkeit, die seinem massigen Körper gar nicht zuzutrauen ist, dreht das Nashorn auf der Stelle, rennt in eine Staubwolke gehüllt einige Meter zurück und verschwindet den Abhang hinunter im Dickicht der Büsche, in denen bereits das Weibchen mit dem Jungen Deckung suchte. Wir atmen auf.

„Nicht auszudenken, wie bei einem Angriff der Venture ausgesehen hätte." Erleichterung spricht aus Wolfgangs Worten.

„Typisch Mann. Was mit uns passiert wäre, das interessiert dich wohl gar nicht."

„Doch. Was hätten wir aber gemacht, wenn wir mit dem Wagen nicht mehr hätten weiterfahren können?"

Die Kampfhähne beruhigen sich schnell. Die Landschaft ist viel zu schön, um die Zeit mit Reibereien zu verschwenden. Erst jetzt sehen wir, tief unten am Hang in der Nähe eines Flusslaufs, eine Elefantenherde. Irene hatte sie mit dem Fernglas ausgemacht. Und noch eine Beobachtung macht sie: Auf der anderen Seite des Tals zieht eine Büffelherde durch das hohe Gras. Darüber auf der großen Anhöhe leuchten rote Dächer, vermutlich das Hiltop Camp. Dort müssen wir hin, damit wir wenigsten drei der „Großen Fünf" mitbekommen. Ein Blick in die Karte zeigt, dass dies gelingen müsste.

Wolfgang bleibt am Steuer und lenkt den Wagen zurück auf den asphaltierten Hauptweg und auf diesem weiter bergab. Vorbei an der Markierung 19, von der eine zweite Straße zurück zum Memorial Gate führt, gelangen wir hinunter in die dicht bewachsene Senke und halten an einer Stelle, an der ein Damm einen Bach staut. Vögel nisten in den Bäumen über dem üppigen Buschwerk am Ufer des kleinen Sees. Paviane wagen sich auf einer schmalen Sandbank zum Wasser vor. Ab und an kreischen die Vögel mit den Pavianen um die Wette. Dann kehrt wieder Stille ein.

Im Schritttempo ziehen wir weiter. Am Marker 13 folgen wir dem linken Weg, über den wir zum Hluhluwe River und dort zu mehreren Aussichtspunkten gelangen. Hier tummeln sich die Hippos im Wasser, tauchen unter und spritzen mit wackelnden Ohren, wenn sie wieder an die Oberfläche kommen. Ein Stück weiter liegen Krokodile faul am Strand. Eines kommt unter einer Mangrove hervor geschwommen, kriecht den Strand gerade soweit hinauf, dass sein Körper aus dem Wasser heraus ist und lässt sich zwischen den anderen in den Sand sinken.

Die Sonne brennt heute gnadenlos vom Himmel. Die Luft flimmert. Der bisher heißeste Tag der Reise setzt uns gewaltig zu. Trotz Kopfbedeckung brennt das Gesicht. Das Wasser der Flüsschen und Tümpel spiegelt die Sonnenstrahlen zusätzlich. Die hohe Luftfeuchtigkeit wirkt schweißtreibend. Das Mittel gegen die Stechmücken, wir besprühten alle freien Körperstellen mit Autan, macht die Haut noch klebriger und besonders am Hals unangenehm pappig.

Wir beschließen nach kurzer Pause zum Marker 13 zurückzufahren und von dort dem Hauptweg zum Hiltop Camp zu folgen.

Wo sind die Elefanten geblieben? Wolfgang hält an jedem der drei Aussichtspunkte. Vergeblich strecken wir die Hälse. Auch das Suchen mit dem Fernglas hilft wenig. Die Elefanten bleiben verschwunden. Sie haben sich vermutlich in das Mbhombe Forest genannte nahe Waldstück zurückgezogen.

Dafür kommen wir unheimlich dicht an die Herde der Kaffernbüffel heran. Sie stehen im hohen Gras. Ihr finsterer Blick und ihre ausladenden Hörner wirken gefährlich. Wiederkäuend beobachtet uns einer. Der breite Knochenschild auf dem massigen Schädel, der seine Hörner verbindet, weist ihn als Bullen aus. Ein tiefer Graben zwischen ihm und der Straße vermittelt uns Sicherheit. Büffel sollen nicht angriffslustig sein. Doch wer weiß, wozu sie in der Lage sind, wenn sie eine Bedrohung ihrer Jungtiere befürchten. Wir sind dem Büffel so nah, wie wir dem Nashorn waren. Der Wind steht so, dass wir seine Ausdünstung riechen können. Die Situation bleibt jedoch ungefährlich. Den Graben zu überwinden wäre ihm viel zu anstrengend. Er hätte auch keinen Grund dazu. Seine Neugier scheint gestillt zu sein. Gemächlichen Schrittes wendet er sich wieder der Herde zu. Auf den Rücken einiger Tiere sitzen Madenhacker, die sich von den Zecken und anderen Schmarotzern in der Haut der Büffel ernähren. Ein Reiher unter dem „Reinigungspersonal" wirkt besonders fotogen.

Wolfgang legt wieder den Gang ein. Nach wenigen Minuten erreichen wir das Hiltop Camp, das, wie der Name verrät, auf einem Hügel liegt; der höchsten Erhebung im nördlichen Teil des Hluhluwe Parks. Dieser wurde nach dem gleichnamigen Fluss benannt. Das schwierige Wort wird Schluluwi ausgesprochen.

Der Park ist das älteste Wildreservat ganz Afrikas, vielleicht nicht so bekannt wie die Serengeti oder der Krüger Park, viel, viel kleiner und doch in meinen Augen unvergleichlich schön.

Auf engstem Raum wechseln hohe Berge mit weiten Tälern, sanfte Anhöhen mit Schluchten, tropische, üppig grüne Wälder und Buschland mit weitläufigen, teilweise locker mit Bäumen und Büschen bestandenen Savannen und trockenen Grasebenen. Dazwischen schlängelt sich der Hluhluwe River mit seinen Nebenarmen, die gemeinsam die wilde und ursprüngliche Landschaft ganz besonders prägen.

Glück braucht man bei der Pirsch hier wie da, vor allem in den Abschnitten mit dichter Vegetation. Bei zuviel Sonne dösen die Tiere stundenlang im Dickicht vor sich hin, vor allem die Löwen, die auch wir noch nicht zu Gesicht bekamen, und bei Regen bleibt jeder überall stecken, wenn er die sandigen und dann matschigen Nebenstrecken und Schleifen zu leichtsinnig befährt.

Von der Terrasse des Hiltop Camp blicken wir zurück auf die Route, die wir zuletzt genommen hatten. Die Büffel fressen sich noch immer in der mit saftigem Gras bestandenen Mulde in der Nähe der Straße satt. Die Elefanten bleiben verschwunden. Dafür können wir Zebras und Antilopen an den südlichen Hängen ausmachen.

Nach einem kurzen Imbiss im Camp fahren wir hinunter zu den Zebras und Antilopen, an ihnen vorbei und biegen am Wegweiser 10, noch vor dem Bush Camp Muntulu, nach rechts ab. Eine Nebenstrecke führt durch eine besonders abwechslungsreiche Flora und Fauna. Wir passieren zuerst den Crocodile Pool, dann den Hippo Pool, halten an den gekennzeichneten Aussichtspunkten, beobachten die Krokodile und Flusspferde, entdecken eine Schildkröte am Ufer und bewundern die Baumriesen, die wir allmählich von ihrem Aussehen, nicht jedoch von ihrem Namen her, zu kennen glauben. Oder doch? Jener Riese mit den langen, grünen und braunen Früchten könnte ein Sausage Tree sein. Der andere daneben mit den Luftwurzeln, die bis zum Boden reichen, ist ebenso ein Feigenbaum wie jener mit den typischen Früchten, bei denen die Frage offen bleibt, ob sie genießbar sind. Und Palmen sehen auch in der südafrikanischen Wildnis wie Palmen aus. Doch welcher Baum ist ein Bushwillow, Tamboti, Jackalberry oder Magic Guarri?

Seht nicht auf den Wald, sondern in den Wald, gab uns der Ranger am Gate mit. Wieder hören wir Vögel zwitschern, piepsen, pfeifen und krächzen. Zu sehen bekommen wir trotz der Ferngläser nur wenige. Sie spielen Versteck; nicht mit uns, mehr mit sich selbst.

Vorbei am Hippo Pool windet sich der Weg in ein lichter werdendes Tal hinab. Der Nzimane Loop, eine Schleife, quert ein Flüsschen gleichen Namens und führt anschließend zum Ausgangspunkt zurück. Von hier aus treten wir die Rückfahrt zum Marker 10 beim Muntulu Bush Camp an. Von dort fahren wir südwärts, halten nach dem zweiten Bush Camp, das Munywaneni heißt, kurz am Aussichtspunkt auf das Flüsschen mit dem schönen Namen Siwasamakhosikasi, um dann auf dem Hauptweg weiter Richtung Süden und hinunter in mehr freieres Gelände zu fahren.

Die Berge weichen zurück. Grasland dominiert das Bild. Am Marker 3 zweigen wir rechts ab und queren eine große Savanne. Viele flinke Läufer tummeln sich hier: Impalas, Nyalas, Kudus und Zebras. Warzenschweine kommen uns auf der Piste entgegen und sausen mit steil aufgestelltem Schwänzchen ins Dickicht, als sie den Venture gewahr werden. Am sanften Hang des Maqanda Hügels steht eine einzelne Giraffe, vermutlich ein alter Bulle, der, ausgestoßen von den anderen, seine letzten Monate oder  Tage als einsamer Wanderer fristet. Eine Herde können wir nicht ausmachen. Ein Stück weiter tauchen die ersten Gnus auf. Zebras weiden in ihrer Nähe. Beide scheinen sich zu vertragen.

Am erhöhten Nqabateki Lookout halten wir wieder. Obwohl die zur Verfügung stehende Zeit knapp wird, muss sie für einen letzten Rundblick in den Süden reichen.

Eine weite Ebene breitet sich vor uns aus. Der Black Umfolozi River, den wir nur im Dunst am Horizont erahnen können, dürfte etwa in einer Entfernung von 20 km vorbeifließen. Der reiche Wildbestand findet kaum Deckung hinter den wenigen Baumgruppen und den locker stehenden Büschen. Das nutzten über Jahrhunderte die Zulus, die hier einen ihrer Jagdgründe hatten, bevor, nach großer Ausdünnung des Wildbestandes, ein Schutzreservat eingerichtet wurde.

Wir können wieder Rudel von Gnus, Zebras und Antilopen beobachten. Raubvögel kreisen in einiger Entfernung. Vermutlich warten sie geduldig, bis sie an der Reihe sind. Meist sind es Löwen, die jagen und ein größeres Wild schlagen. Sind sie gesättigt, streiten sich Wildhunde, Schakale und Hyänen am Kadaver. Die Reste bleiben dann den Geiern, die mit ihren scharfen Schnäbeln die letzten Fetzen vom Skelett reißen.

Trotz guter Ferngläser können wir im Busch nichts entdecken. Die Löwen mit ihrer vermutlich bereits abgenagten Beute halten sich vor uns auch hier versteckt.

Zeit zum Aufbruch. Um drei Uhr dreißig müssen wir an einer alten Poststation im Herzen des Zululandes sein. Für die Strecke verbleiben etwas mehr als zwei Stunden. Die Zeit müsste reichen.

Am Wegweiser 1 stoßen wir wieder auf die breitere asphaltierte Straße, die nach Süden den Hluhluwe Park mit dem Umfolozi Park verbindet. Diese Strecke wird stark befahren. Von Tieren weit und breit kaum eine Spur. Nach einer Unterführung gelangen wir zum Nyalazi Gate, dem Tor zum Umfolozi Park, den wir nur kurz streifen. Dieser Park mit seiner hügeligen Landschaft und den weiten Grasebenen wirkt wesentlich trockener als der grüne Norden. Dürre Savannen, Buschland und dornenreiches Dickicht wechseln hier einander ab.

Über das Mambeni Gate verlassen wir das Wildreservat. Mtubatuba und Empangeni heißen die beiden Zwischenstationen.

Ein Wagenrad mit einem großen S wurde uns als Ziel für den heutigen Tag genannt: „Look out for a wagon wheel with a giant S" lautete die Empfehlung, die wir per FAX aus Südafrika erhielten. Der Absender: Shakaland – The Simunye Pioneer Settlement.

Und Shaka lebt …

Am Weihnachtstag, auf Portugiesisch „dies natalis", landete der Seefahrer Vasco da Gama 1497 an der Südostküste Afrikas. Er gab daraufhin dem Land den Namen Natal.

Bereits seit Jahrhunderten lebten hier Bantustämme, die in mehreren Wellen eingewandert waren. Sie hatten die friedliche Urbevölkerung der San verdrängt, die kämpferisch und zahlenmäßig unterlegen waren.

Im 17. Jahrhundert zogen erneut Bantu-Völker aus Zentralafrika in den Süden – unter ihnen die amaZulu, die Söhne der Sonne, wie sie sich nannten. Aus innerer Stärke heraus sind sie bis heute darauf bedacht, ihre ureigenen Rechte zu wahren. Das drückt sich auch im Namen der Provinz KwaZulu-Natal aus.

Die Zulu lebten, wie die meisten afrikanischen Völker, als Hirten von ihren Tieren. Sie jagten auch, sammelten Wildfrüchte und rodeten große Flächen für den Ackerbau.

Dem Clanführer Shaka, der Anfang des 19. Jahrhunderts an die Macht kam, wurde das Siedlungsgebiet zu klein. Er unterwarf die ersten benachbarten Stämme, ließ die Männer töten und gliederte Frauen und Kinder in den eigenen Stamm ein. Alle jungen Zulu mussten bis zum dreißigsten Lebensjahr Kriegsdienst leisten. Sie wurden im Nahkampf mit einem Stichspeer ausgebildet – eine neue, den Wurfspeeren überlegene Waffe. Mit der Einführung einer neuen Kriegstaktik gewannen die Zulu ihre endgültige Überlegenheit: Der frontale Angriff wurde durch Krieger auf den Flanken unterstützt, die den Gegner in die Zange nahmen, während eine dritte Gruppe die Verfolgung flüchtender übernahm. Shaka eroberte durch die Niederwerfung weiterer Stämme ein großes Reich, gewann an absoluter Macht, nannte sich König der Zulu und wurde bis heute zur Legende.

Die Zulu lieferten sich blutige Kämpfe mit den vom Süden vordringenden weißen Siedlern. Obwohl sie mehrfach siegen konnten, wurden sie zuerst von den Voortrekkern 1838 am Blood River und dann endgültig von den Briten 1879 bei Ulundi geschlagen. Sie hatten gegen die Feuerwaffen auf Dauer keine Chance.

Die stolzen Zulu pflegen ihre Kultur und setzen sich gesellschaftlich auch heute noch in dem von ihnen bewohnten KwaZulu-Natal durch.

Nach der südafrikanischen Verfassung steht an der Spitze des Zuluvolkes König Goodwill Zwelethini kaBhekuzulu.

König Zwelethini

Seine Rolle ist nach der Verfassung weitgehend repräsentativ und zeremoniell. Er übt politisch keine Macht aus und ist dem Ministerpräsidenten der Provinz unterstellt. Aber er verkörpert die Tradition. In ihrem König leben der Geist und die Macht der Zulus fort.

Bei Empangeni verlassen wir die N 2 und fahren westwärts weiter auf der R 34. Schier endlose und für das Auge langweilige Anpflanzungen mit Eukalyptusbäumen für die Papiergewinnung werden jetzt im mehr hügeligen Gelände von Zuckerrohrplantagen, Weideland und Gemüsefeldern abgelöst. Wir queren mehrere Flüsse. Einer davon heißt Mfule River, mit dem wir, ohne dies zu wissen, noch nähere Bekanntschaft machen sollten. In einem Tal führt die Straße an einem Fluss entlang, bei dem es sich nach der mit FAX zugestellten Skizze um den Mhlaluze River handelt. Dann tauchen Berge auf. Die Straße windet sich den Nkwalini Pass hinauf. Auf einer Aue sehen wir ein weißes Haus im holländischen Stil. Ein Hinweisschild benennt das malerisch gelegene Anwesen: Oom Wessel se Winkel. Der Venture erklimmt danach eine weitere Anhöhe. Dann sehen wir es alle gleichzeitig – ein großes Wagenrad mit einem S in der Mitte.

Die Sonne geht an keinem Dorf vorüber
Weisheit der Bantu


Bei der Vorbereitung der Reise erhielt ich die Information, dass in der Nähe der Ortschaft Eshowe das traditionelle Stammesleben der Zulu in mehreren Dörfern zur Wahrung des kulturellen Erbes aber auch für das Geschäft mit den Touristen gepflegt wird. Das Shakaland, der Kwabhe-kithunga Kral und die Stuart Farm werben um Besucher. Ich bestellte Zimmer in der Zulu Village Lodge, die zentral gelegen sein soll.

Das Schicksal regelte jedoch den Ablauf anders und wenn ich diese beiden Tage im Nachhinein betrachte, dann führten glückliche Umstände eine unerwartete, abenteuerliche und zugleich einmalige Lösung herbei, die zu einem der großen Höhepunkte der Reise wurde. Doch alles der Reihe nach.

Statt der Zulu Village Lodge bestätigte Satours eine Übernachtung in The Simunye Pioneer Settlement mit der Anschrift: Zwischen Eshowe und Melmouth, of the R 34 on route to D 256.

Auf einer per FAX zugestellten Skizze waren handschriftlich zwei Hinweise eingetragen. Erstens, wie schon erwähnt: „Halten Sie Ausschau nach einem Wagenrad mit einem großen S." Und zweitens: „Die Gäste sollten um 3 Uhr 30 eintreffen, damit der Transport auf Pferden oder im Ochsenkarren am Nachmittag um 4 Uhr starten kann."

Doch wo ist der Treffpunkt? Auf der Zeichnung finde ich ein Haus, neben dem Pioneer Camp geschrieben steht. Handschriftlich wurde Old Trading Store ergänzt. Da in einem Gemischtwarenladen nicht übernachtet wird, muss hier der Treffpunkt sein.

Wir verlassen die geteerte Landstraße und biegen beim Wagenrad in den staubigen, rotbraunen Feldweg ein, der sich auf einem sanft fallenden Bergrücken kilometerweit hinschlängelt. Die Fahrbahn gleicht einem Waschbrett. Der Venture und wir mit ihm werden durchgeschüttelt. Wir spüren jede Bodenwelle über die Räder und Sitze bis zur Wirbelsäule. Nach einiger Zeit lerne ich, dass schnelles Fahren die Stöße mildert. Dafür schwillt die Staubwolke hinter uns zu einer undurchsichtigen Wand an.

Nach etwa zwanzig Minuten quälender Fahrt sehen wir links voraus ein einsames Haus. Es ist der Treffpunkt, der Old Trading Store. Türen und Fenster sind verschlossen. Niemand ist zu sehen, von ein paar Pferden abgesehen, die auf einer Koppel weiden.

Wir steigen aus und bleiben im Schatten eines Baumes neben dem Venture stehen, als wir ein Auto kommen hören. Zuerst ist das Geräusch weit entfernt, dann nimmt es zu, wird kurzzeitig merklich leiser, um gleich darauf lauter und lauter zu werden und unverkennbar näher zu kommen. Schließlich sehen wir den kleinen, roten Pickup, der sich aus einer riesigen Staubwolke löst, vom sandigen Feldweg abbiegt und auf uns mit Getöse zufährt.

„Welcome", ruft der Fahrer und Anführer der Insassen, der auf uns zugeht und jedem die Hand schüttelt. „I'm Lungani, welcome."

Die beiden anderen quälen sich müde aus den Sitzen empor, gehen hinüber zur Koppel, fangen sieben Pferde ein, legen ihnen Zaumzeug an und satteln sie.

Ein weiteres Fahrzeug trifft ein; mit einem Ehepaar aus Australien, wie sich herausstellt. Sie grüßen zwar, sind aber nicht gesprächig.

Lungani, in Khaki gut gekleidet, und seine beiden Helfer verstauen das Gepäck auf dem Pickup und öffnen das große Tor der Station, damit der Australier und ich die Wagen in die Lagerhalle fahren können, die für eine Nacht als Garage dient.

„Wir erwarten für heute noch drei weitere Gäste aus den Niederlanden", erklärt Lungani. „Da sie Verspätung haben und wir nicht wissen, wann sie eintreffen, schlage ich vor, dass wir jetzt aufbrechen, damit wir vor Einbruch der Dunkelheit die Lodge erreichen."

Irene sieht beunruhigt und ängstlich zu den Pferden hinüber. „Wo ist der Ochsenkarren? Uns wurde zugesagt, dass nicht nur Pferde für den Transport zur Verfügung stehen, sondern ebenfalls Ochsenkarren oder Eselswagen."

Lungani wird verlegen. „Madam, es tut mir sehr leid, aber alle Karren und Wagen sind defekt." Mit der Hand zeigt er auf einen Trümmerhaufen, der seinem Aussehen nach schon sehr lange zu Bruch gegangen sein muss. „Ich habe für Sie eine ältere und besonders zahme Stute satteln lassen."

Irene lässt sich nicht abbringen. „Ich reite auf keinen Fall. Dann fahre ich eben beim Gepäcktransport mit."

Lungani nimmt mich mit Irene zur Seite und beginnt sehr leise aber bestimmt auf uns einzureden. „Das kann ich Ihnen nicht empfehlen. Ich lasse Sie auf keinen Fall mit den beiden Helfern aus dem Dorf allein, da ich nicht weiß, was passiert. Reiten Sie mit uns, da bin ich immer in Ihrer Nähe und Sie sind sicher."

Widerstrebend lässt sich Irene in den Sattel der braunen Stute helfen. Diese leidet unter einem Ekzem auf der Kuppe, wo ihr die Haare des Fells ausfallen. „Hoffentlich bricht die nicht unter mir zusammen." Sie hat sich beruhigt und ihren Humor wieder gefunden.

Mein Apfelschimmel gehört auch zur ruhigen Sorte. Er hält immer wieder an, um einen Büschel Gras am Rand des Pfades zu rupfen. Sonst hält er mit den anderen Pferden Schritt.

Wolfgang reitet voraus. Er hatte sich gemeldet, als Lungani wissen wollte, ob ein erfahrener Reiter unter uns sei. Den Australier, der sich auch bemerkbar machte, bittet er, die letzte Position zu übernehmen. Wir reiten alle hintereinander, Rita hinter Wolfgang, gefolgt von mir und Irene, dahinter Lungani, die Australierin und ihr Mann.

Der Weg gabelt sich und fällt als schmaler Pfad rechts voraus steil ab. Ein weites und tiefes Tal liegt vor uns, vom Mfule River ausgewaschen und von zahlreichen kleineren Flüssen gespeist, die auf der anderen Talseite Schluchten ins Gelände rissen, die einer siebenarmigen, überdimensionalen Menora gleichen.

Lungani lässt anhalten. „Das ganze Land vor uns gehört unserem Stamm. Wir sind eine große Familie, die in mehreren Krals im Tal lebt. In der Senke im Süden sehen Sie Rinder. Wir leben in erster Linie von der Viehzucht und was wir sonst brauchen, bauen die Frauen auf den Feldern an." Sagt es und schnalzt laut mit der Zunge. Wolfgangs Schwarzer setzt sich darauf hin wie automatisch in Bewegung.

„Gibt es hier auch wilde Tiere?" Der Australier meldet sich zum ersten Mal zu Wort. Aus Interesse oder aus Angst, angefallen zu werden?

„Wir haben unser Land eingezäunt. Mäuse und Kaninchen haben hier ihre Bauten. Die Greifvögel freuen sich darüber. Aber jenseits des Flusses, in den dichten Wäldern und auf den Bergen dahinter leben kleiner Wildtiere, Wasserböcke und Klippspringer zum Beispiel, Schlangen natürlich, aber keine Raubtiere, wenn Sie das meinen, die befinden sich alle in den Reservaten."

Tal des Mfule River

Simunye Lodge

Ein Australier, der Autor und Irene

Simunye – Zulutanz

Kral der Zulus

Die Pferde gehen langsam. Sie kennen ihren Weg, der in mehreren großen Schleifen durch Grasland hinunter zum Fluss führt. Je näher wir ihm kommen, umso romantischer, fast märchenhafter wird die Szene. Der Mfule fließt in einer langen Schleife am Fuß einer hohen Bruchkante entlang, die über und über von Büschen bedeckt wird und dort, wo der Berghang abflacht, von einem dichten Regenwald bewachsen ist.

Der Fluss führt derzeit wenig Wasser, so dass lange Kiesbänke zum Vorschein kommen. Am anderen Ufer steigt Rauch auf. Eine Frau hockt an einem Feuer, dessen Flamme sie mit immer neuen Zweigen am Lodern hält. Auf unserer Seite endet der Pfad direkt am Ufer. Eine Brücke ist nicht zu sehen.

An der Furt

„Wir überqueren hier den Fluss." Lungani sagt das gerade so, als stünden wir an einem Zebrastreifen. „Die Pferde sind sehr trittsicher und in guter Übung. Das Wasser steht hier an der Furt nicht sehr hoch. Sie legen sich jetzt auf das Pferd, umfassen den Hals mit den Armen, gehen mit den Schuhen aus den Steigbügeln und halten die Füße möglichst hoch. Dann kommen sie trocken auf die andere Seite."

Noch bevor er zu Ende gesprochen hat, springt der Schwarze mit Wolfgang auf dem Rücken in das Wasser. Ritas Pferd folgt zögernd, während mein Apfelschimmel sich einige Schritte flussaufwärts eine eigene, flachere Stelle sucht, um vorsichtig in den Fluss und durch den Fluss zu gehen. Irenes Brauner schließt sich meinem Apfelschimmel an. Das Wasser reicht den Pferden bis an die Brust.

Plötzlich ein Schrei! Ich sehe mich um. Wolfgang war es. Sein Schwarzer strauchelte und er mit ihm. Die Arme noch immer fest um den Pferdehals geschlungen, hängt Wolfgang die letzten Meter seitlich an dem Schwarzen und fast ganz im Wasser. Wir verkneifen uns das Lachen. Keiner weiß, wie es ihm ergehen wird. Doch alle anderen erreichen trocken das sichere Ufer.

Die Zulufrau am Feuer begrüßt uns herzlich auf isiZulu. „Sie sind willkommen", übersetzt Lungani. „Sie spricht kein Englisch. Dafür kann sie gut grillen."

Der Duft würziger Spieße macht Appetit. Sie wendet sie, zählt die Ankommenden mit den Fingern ab und legt zwei weitere auf. „Sie hat Fleisch vom Wasserbock vorbereitet", erklärt Lungani.

„Dazu wäre jetzt ein Bier gerade recht." Wolfgang spricht aus, was wir alle denken.

„Wollen Sie eins oder zwei?" Lungani zieht gerade einen Kasten am Ufer aus dem Wasser. Die Überraschung ist ihm voll gelungen. Die Gesichter hellen sich auf und jeder greift beherzt zu.

Auch der Australier kommt in Stimmung. „Von der Natur gekühlt", gibt er von sich und nimmt einen großen Schluck aus der Flasche.

Irene deutet zum Himmel. Der aufkommende Wind schiebt dunkle Wolken vor die Sonne. „Da braut sich etwas zusammen."

„Ja, wir müssen aufbrechen." Lungani runzelt die Stirn und geht zu den Pferden. „Vor uns liegt noch eine gute halbe Stunde."

Der Pfad, auf dem wir reiten, folgt dem Uferverlauf, führt in den Wald, über eine Lichtung und anschließend wechselnd durch dichte und dann wieder lichtere Waldstücke, die ab und an Blicke auf das Schilf am Fluss zulassen. Wohnhütten der Zulus stehen auf der anderen Seite am Hang. Leichter Regen setzt ein. Der erste Blitz verkündet Böses. Ein Wolkenbruch ergießt seine Wasser über das Tal des Mfule. Der Wind peitscht uns mit dem Regen. Im Nu sind wir bis auf die Haut tropfnass. Der zweite Blitz fällt mit dem Donner fast zusammen. Irene bekommt panische Angst. „Ich bin auf dem Pferd der höchste Punkt. Mich trifft er zuerst!" Lungani versucht sie mit dem Hinweis zu beruhigen, dass die Blitze oben am Berg oder in den Fluss einschlagen. Der zuckende Lichtschein verwandelt die Landschaft in die Kulisse eines mystischen Psychothrillers. Die Pferde nehmen das Unwetter gelassen hin. Unermüdlich suchen sie sich ihren Weg.

Gott sei Dank treibt der Sturm die Regenwolken wieder rasch davon. Erst jetzt bemerken wir, dass die Nacht inzwischen die Abenddämmerung verdrängte. Es herrscht Stille. Die Vögel haben sich bereits auf ihre Schlafplätze zurückgezogen. Der Wind beruhigt sich. Bevor wir in der nassen Kleidung zu frösteln beginnen, treibt die einsetzende Schwüle den Schweiß aus allen Poren. Gespräche kommen nicht auf. Die Pferde ziehen langsam mit uns auf ihren Rücken weiter. Kinderstimmen durchbrechen die Stille des Waldes. Wir nähern uns der Lodge. Die Bewohner des Dorfes haben sich dort versammelt. In den Gesang der Kinder fallen nach und nach die Erwachsenen ein. Die Melodien klingen in unseren Ohren fremd und doch gewinnend. Was für ein warmer Empfang.

Lungani ergreift das Wort. „Willkommen in der Simunye Lodge und im Dorf des Biyela Clans. Wir werden Sie jetzt zu ihrem Steinhaus führen. Wenn Sie sich umgezogen haben, treffen wir uns am Herdfeuer zum Abendessen. Die Dorfbewohnern haben für Sie eine Überraschung vorbereitet."

Eine Frau geht über eine steile, steinerne Treppe voraus. Wir folgen ihr im Lichtschein einer Petroleumlampe. Elektrizität gibt es in der Lodge nicht. Die Umfazi, wie Frau auf isiZulu heißt, zündet die auf dem Waschtisch und dem Nachtkasten bereitstehenden Kerzen an. „Stellen Sie nichts auf den Boden, auch keine Schuhe, dann sind Sie vor Schlangen sicher. Am Waschtisch finden Sie einen Krug mit kaltem Wasser, in der Dusche gibt es warmes und kaltes Wasser, das sie sparsam verwenden sollten und das Wasser in der Toilette reicht für zwei Gänge." Bevor sie sich zurückzieht, deutet sie auf die weißen Stoffknäuel über den Betten. „Schließen Sie beim Schlafen das Moskitonetz."

Das Steinhaus mit einem Dach aus Schilfrohr, die einfachen, aber ausreichenden sanitären Zellen, der Holzfußboden und die spärlichen Möbel wurden von den Dorfbewohnern mit großem Geschick aus den Baumaterialen geschaffen, die sie ringsum in der Natur fanden. Die Betten stehen auf dünnen, runden und fast einen Meter hohen Füßen; das Kofferbänkchen und der Nachtkasten ebenso. Statt eines Schrankes wurden Seile quer durch den kleinen Raum so hoch gespannt, dass ich sie gerade noch mit meinen Händen greifen kann. Schilfrohrvorhänge in den Türrahmen und Fensteröffnungen sorgen für eine private Atmosphäre. Hier wird die Pionierzeit zum Erlebnis. Die Unterbringung mag auf den ersten Blick einfach erscheinen – als ungewöhnlich und einmalig wird sie uns vermutlich in Erinnerung bleiben.

Die kleine Lodge ist heute ausgebucht. Die Holländer trafen inzwischen mit dem Pickup ein – ein Ehepaar zusammen mit einer älteren Frau, vermutlich der Mutter des Mannes, wie den Gesprächen zu entnehmen ist. Sie bewohnen zwei der fünf Steinhäuser; die anderen drei die Australier, unsere Freunde und wir.

Erwartungsvoll nehmen alle – neun Gäste sind es, wenn ich richtig zähle – nach und nach auf den derben Stühlen und Bänken Platz. Während die Sterne des Südhimmels über unseren Köpfen ihre Bahn ziehen, bereiten zwei Zulufrauen in der offenen Küche Fladenbrot, Fleisch und Gemüse und zwei weitere servieren die „von der Natur gekühlten Getränke", wie der Australier wieder bemerkt.

Ich entscheide mich für ein Glas Rotwein. „Von der Natur gewärmt", raune ich dem Mann von „Down Under" zu.

Dieser spricht dem Bier zu und wird redselig. „Die Aborigines in meiner Heimat haben auch eine sehr dunkle Hautfarbe. Ich glaube sie stammen aus Afrika. Mit den Zulus sind sie vom Aussehen her aber nicht verwandt."

„Die Wissenschaftler streiten sehr über die Herkunft der Aborigines. Als Gondwana, der große Südkontinent, vor etwa 150 Millionen Jahren auseinanderbrach und Australien und die asiatische Inselwelt entstanden, waren noch keine Menschen auf der Erde. Nach den neuesten Erkenntnissen wanderte der Homo sapiens, also der Mensch wie wir, vor etwa 50.000 Jahren über Indien und Indonesien bis nach Australien." Der Ausi nickt zustimmend. „Aber seine genetische Verwandtschaft ist nur insoweit geklärt, dass auch seine Wurzeln, wie die der Weißen und der Gelben in Afrika liegen", ergänze ich.

„Out of Africa", sage ich doch. Der Australier nickt vor sich hin, als wolle er seine Aussage auch optisch unterstreichen.

„Bei meinen Reisen durch Indonesien, in die Südsee und nach Australien fiel mir auf, dass sich die Papuas von Neuguinea, die Melanesier und die Aborigines sehr ähnlich sehen – extrem dunkle Hautfarbe, breite Nase, Kraushaar und klein von Wuchs. Professor Friedemann Schrenk, ein unter den Fachleuten geschätzter Paläoanthropologe aus Frankfurt in Germany, hat mir jedoch bestätigt, dass eine Verwandtschaft dieser Völker nicht zu belegen ist, allenfalls eine gemeinsame Abstammung vom frühen Homo sapiens. Die Spuren der Papuas und Melanesier führen nach Asien. Die nähere genetische Verwandtschaft der Aborigines bleibt jedoch ein bis heute von den Wissenschaftlern noch nicht gelöstes Rätsel."

Die Frauen tragen das Abendessen auf. Wolfgang hat sich in den vergangenen Tagen allmählich an die afrikanische Kost der Einheimischen gewöhnt. Er deutet auf die an den Säulen der Lounge direkt neben uns befestigten Jagdtrophäen. Dort hängen Kopfschalen mit Hörnern von Wasserböcken, Kudus und anderen Antilopen. „Bei uns prahlen sie mit den Geweihen von Rehböcken, Hirschen und den Köpfen von Wildschweinen. Man muss das einfach akzeptieren."

„Ja, wenn die Jagd der Versorgung mit Nahrung dient, aber nicht wenn sie aus Leidenschaft am Sammeln von Abschüssen erfolgt."

„Wie meinst du das?"

„Ich kenne jemanden, der baute sich als Alterssitz ein großes Wohnhaus in die Einsamkeit mit einem eigenen Trakt für Gäste und seine Jagdtrophäen. Die Wand für seine Schaustücke musste mindestens drei Meter hoch sein, damit der gewaltige Kopf eines Kaffernbüffels untergebracht werden konnte. Für den präparierten Kopf eines Oryx, eines Spießbocks, mit seinen überlangen, spitzen Hörnern, reichte die Deckenhöhe nicht. Er hängt am Absatz im Treppenhaus."

„Ich merke, du willst mir seinen Namen nicht nennen."

Eigen und ein bisschen eitel würde ich ihn nennen wollen, vom adeligen Elternhaus konservativ erzogen, sonst weit blickend modern, beruflich sehr erfolgreich, aber mit unglücklichen familiären Verhältnissen. Ich behalte das und seinen Namen für mich.

„Hat er auch ein Nashorn erlegt?"

„Ja. Auf einem Bild kniet er mit der Büchse in der Hand auf einem White Rhino mit einem extrem langen und dahinter einem zweiten Horn. Auf einem weiteren Bild mit einem Löwen rückt er dessen Kopf und seinen eigenen fotogen in die Kamera." Ich versuche mich an das Haus zu erinnern. „Irgendwo sah ich das Fell eines Zebras. Sein größter Stolz scheint ein Leopard zu sein. Dessen Decke liegt samt Kopf im Wintergarten vor einer Vitrine."

Der Klang von Trommeln lässt aufhorchen, zuerst ganz leise, dann anschwellend. Stimmen erklingen rhythmisch – mehr einen Sprechgesang als ein Lied ausdrückend. Im Schein von Fackeln nähern sich die Männer, Frauen und Kinder des Dorfes, die „indoda, umfazi und ingane". Vergeblich halte ich nach Lungani Ausschau. Meine Fragen muss ich wohl bis morgen zurückhalten. Staub wirbelt auf, wenn die Füße den

Boden stampfen. Ein Junge tritt als Solotänzer hervor. Die anderen klatschen mit den Händen, bilden einen Kreis, der sich mehrfach schließt und wieder öffnet, singen und lachen bis ein zweiter Junge sich nach vorne wagt und das Spiel sich wiederholt. Je länger wir den fröhlichen Dorfbewohnern bei ihren Darbietungen zusehen und in ihre Stimmen hineinhorchen, je weiter entschwindet das pionierzeitliche Ambiente der Lodge aus unserem Bewusstsein und umso mehr werden wir e i n s mit den „izwe" des „umunzi", den Bewohnern des Dorfes – ganz wie es der Bedeutung und Übersetzung des Namens Simunye entspricht: Wir sind alle eins.

Die lange Fahrt mit dem Auto, der Ritt von zweieinhalb Stunden und die nicht gezählten und nur von der Natur gekühlten Biere und der Rotwein sorgten für eine ungewöhnliche Bettschwere. Das Ende des Abends und die Nacht verschwimmen schemenhaft in meiner Erinnerung, als ich noch schlaftrunken bemerke, wie eine Zulufrau den Schilfrohrvorhang zur Seite schiebt und „Ubaba" flüstert. „Ubaba, Ubaba" wiederholt sie, was Mr. bedeutet, bis ich aufblicke. „Breakfast" fügt sie dann hinzu. Mehr kommt nicht über ihre Lippen.

Während ich nach meinen Schuhen greife, um sie anzuziehen, entdecke ich sie – eine riesige Spinne auf dem Rahmen des Spiegels über dem Waschtisch. Nicht nur die langen Beine imponieren, auch der fette und behaarte Körper. Vorsichtig nähere ich mich dem Tier, das ich, obwohl es mir Leid tut, mit dem Schuh in der Hand erschlage.

„Was machst du für einen Lärm?" Aufgeschreckt und ärgerlich sieht Irene durch einen Spalt des Moskitonetzes zu mir herüber.

„Du kannst dir Zeit lassen. Ich brauche noch ein paar Minuten." Sie hat panische Angst vor jeder Spinne, ist sie auch noch so klein. Diese hätte möglicherweise einen Schock bei ihr ausgelöst. Deshalb spreche ich nicht darüber, gehe mit dem Schuh in der Hand durch die Tür ins Freie und säubere die Sohle von dem daran klebenden, matschigen Rest.

Die überdachte, halbrunde Lounge und die Feuerstellen liegen direkt unter uns. Es duftet nach Kaffee und frischem Fladenbrot. Beim Hinuntergehen sehen wir, dass die fünf Steinhäuser wie Schwalbennester an die Felsen der Klippe gemauert wurden. Die Morgensonne glitzert im Fluss. Eine Brücke verbindet die beiden Ufer und ein Stück oben am

Hang ragen die Dächer einiger Rundhütten aus dem Buschwerk. Ein Mann überquert die Brücke – Lungani.

„Wir haben Sie gestern am Abend vermisst."

„Dafür stehe ich Ihnen heute wieder zur Verfügung", sagt er gutgelaunt. „Ich kann weder singen noch tanzen, aber Geschichten erzählen." Er setzt sich zu uns und lässt die Vergangenheit und Gegenwart des Biyela Clans durch seine Worte und Gesten lebendig werden. Sie alle seien Blutsverwandte des Königshauses der Zulu. Der Stammesführer Dingane verliebte sich einst in die hübsche Tochter seines Bruders. Da eine Heirat nicht möglich war, entschied er sich, seinen Bruder und dessen Familie aus dem Stamm auszuschließen. Einige Zeit später nannte Dingane die verbannte Familie „Biyela", was „Die Beschützer" bedeutet. Mit dem neuen und fremden Namen war es ihm nun möglich, die begehrte Tochter seines Bruders zu heiraten. Die ins Leben gerufene Biyela Dynastie wurde mit dem Titel „Ndabezitha" ausgezeichnet, was der Bezeichnung „Königliche Hoheit" entspricht.

Gleich nach dem Frühstück brechen wir auf. Lungani führt die kleine Gruppe zum Kral der Biyelas, der von einem dichten und hohen Zaun aus Baumstämmen und Ästen umgeben ist. Wir durchschreiten ein Tor und gehen den Hang hinauf zum größten Rundhaus, das zwar mit Schilfrohr gedeckt wurde, aber eine verglaste Holztür und zwei Fenster besitzt.

Ein Mann tritt heraus. Sein Alter ist für uns schwer zu schätzen. Er ist über siebzig, erfahren wir später. Seine Ausstrahlung fasziniert jeden von uns auf Anhieb. Die Brust und die Schulter werden von einem Leopardenfell bedeckt. Das Kopfband wurde ebenfalls aus Leopardenhaut gefertigt. Zur Abdeckung des Gesäßes und der Genitalien hat er sich eine zweiteilige Schürze um die Hüften geschlungen. Mit festem Händedruck begrüßt er jeden seiner neun Gäste einzeln. Ich bewundere seine blütenweißen Zähne, die, umrahmt von einem weißen Kinnbart, bei jedem „Welcome" sichtbar werden.

Lungani stellt ihn vor. „Inkosi khulu, Big Chief, Prince Gelenja", was mit großer Häuptling und Prinz Gelenja übersetzt werden kann.

Dieser deutet mit ausgestreckter Hand in die Runde. „Der Biyela Clan lebt seit langer Zeit im Tal des Mfule River. Hier, im Herzen des Zululandes, trafen wir mit den ersten weißen Pionieren und Händlern in friedlicher Absicht zusammen. Als die Briten eintrafen und uns das Land wegnehmen wollten, kam es zum Krieg. Mein Vorfahr Mkhosuna führte die Zulu gegen die Briten, die unser Volk jedoch bei Isandlwana besiegten." Der Chief legt eine Pause ein. Mit einem Blick, der Verklärung, Entrücktheit und Entzücken gleichermaßen erkennen lässt, fährt er fort: „Mit Ihrem Kommen nach Simunye erweisen Sie uns Ihre Ehre und ich segne dieses Ereignis. Gehen Sie in unserem Land wohin Sie immer wollen, Sie werden überall willkommen sein. Denn, wie der Name Simunye sagt, wir sind alle eins."

Während Gelenja zu uns spricht, war Lungani verschwunden. Dieser kommt jetzt in traditioneller Kleidung eines Zulumannes zurück mit dem Unterschied, dass er kein Leopardenfell trägt, sondern einen Lendenschurz aus der Haut eines Springbocks, wie er sagt.

Der Clanchef geht kurz in sein Rundhaus und kommt mit einem Stuhl heraus, den er mit den Worten „for the lady" Irene reicht. Warum auch immer, sie darf sich setzen, während Rita, die Australierin und die beiden Holländerinnen fragende Augen machen und stehend ausharren.

Lungani hatte zwei lange Holzstäbe mitgebracht. Einen reicht er dem Chief, den anderen hält er mit beiden Händen fest umklammert quer vor der Brust. „Wir führen Ihnen jetzt einen Stockkampf vor, der große Tradition genießt und als Spiel aber auch im kriegerischen Ernst ausgeübt wurde."

Noch ehe er den Satz beenden kann, führt der Alte den ersten Schlag oder besser gesagt Stoß aus. Lungani pariert und schlägt zurück. Angriff und Abwehr wechseln in schneller Folge einander ab; mal oben, mal unten ausgeführt, mal seitlich. Klapp, klapp, klapp-klapp-klapp klingen die Hölzer. Der Jüngere versucht den Alten durch eine schnelle Pirouette aus dem Takt zu bringen. Doch vergeblich, der Chief schlägt noch schneller zurück, rechts links, links rechts. Lungani hat zuerst Mühe dem Stockwirbel zu folgen, erhöht dann selbst die Schlagzahl, wird aber gekonnt von dem Alten pariert. Schließlich ein Kommando des Chiefs und der Kampf ist zu Ende.

Applaus. Danke. Abschied. Lungani zieht sich rasch um und drängt zum Aufbruch. Beeindruckt kehren wir zur Lodge zurück, nicht ohne auf dem Weg einige Hütten des Krals zu besuchen, deren Einrichtung zu bestaunen und Sauberkeit zu bewundern. Hier im Kral der Biyela

Dynastie spielt sich das Leben in und mit der Natur ab. Bequemlichkeit und Konsum sind Fremdwörter, Einfachheit ist Trumpf. Die Elektrizität ist auch bei den Biyelas noch nicht angekommen.

Nur einige Frauen und kleine Kinder sind zu sehen. Die anderen bestellen die Felder und hüten die Tiere. Fast alle Männer befinden sich derzeit in Johannesburg, Durban oder Kapstadt, erklärt Lungani. Sie suchen dort Arbeit und nehmen alles an, was ihnen einige Rand einbringt. Nach drei bis vier Monaten kehren sie zurück, bleiben ein bis zwei Monate bei ihrer Familie, um dann erneut Arbeit in einer der großen Städte zu suchen.

„Und Sie?", sage ich zu Lungani, als wir im Sattel der Pferde sitzen und, diesmal über die Brücke, zurück zur Station reiten. „Gehen Sie auch ab und zu in die Stadt auf Arbeitssuche?"

„Nein, ich war Berufssoldat. Jetzt kümmere ich mich um den Clan. Wir haben Glück gehabt, dass die Hotelgesellschaft Protea mit unserem Dorf gemeinsam das Projekt ‚Simunye Lodge' realisierte. Sie gaben uns das Know how und wir leisten die Arbeit."

„Die Einnahmen reichen doch bei Weitem nicht aus, um das Dorf zu ernähren", bemerke ich.

„Nein. Vom Wohlstand, wie Sie ihn sich vermutlich für uns denken, sind wir noch weit entfernt."

„Aber die Männer ihres Dorfes suchen wenigstens Arbeit. Unterwegs erlebten wir erbärmliche Lebensumstände. Wir sahen Frauen, die Wasser schleppten, Häuser bauten und Waren am Markt verkauften, während die Männer tatenlos herumlungerten."

Ohne auf das traditionelle Verhalten von Mann und Frau einzugehen, stellt Lungani für sich abschließend fest: „Die Kolonialzeit ist längst vorbei, aber der Südafrikaner wir immer noch ausgebeutet – und sei es durch die eigenen Landsleute."

\*

Die Simunye Zulu Lodge wurde in den vergangenen zehn Jahren weiter ausgebaut. Das Protea Hotel verfügt heute über 21 Zimmer, Schulungsräume, Elektrizität und fließend kaltes und warmes Wasser. Prince Gelenja verstarb 2001. Clanchef ist jetzt Prince Macqawe Biyela.

## Im Regenbogenland Durbans

Wir blicken noch einmal zurück auf ein lieb gewonnenes Stück Zululand, auf das vom Mfule River tief eingeschnittene Tal, das von seinen freundlichen Bewohnern mit Leben und Heiterkeit erfüllt wird, und nehmen Abschied von Lungani und dem Biyela Clan. „Kommen Sie wieder, wir würden uns freuen", ruft er uns nach, als wir aus den Fenstern winkend mit dem Venture in die staubige Sandpiste einbiegen.

Die Wegstrecke bis Durban, der Metropole am Indischen Ozean, wurde mit etwa 155 km berechnet. Im Ort Nkwalini entscheiden wir uns für die Abkürzung über Eshowe zur N 2. Wir halten uns nicht auf. Das Städtchen selbst bietet wenig Sehenswertes, obwohl es eine der ältesten Siedlungen der Weißen im Zululand ist. Und auf einen Besuch des Shakalandes verzichten wir, da wir die hautnahen, persönlichen Erlebnisse mit den Menschen eines bewohnten Krals nicht mit einer von Hollywood inspirierten Show in einem Bühnendorf verwässern wollen.

Bei Ballito verlassen wir die N2 wieder und fahren auf der Küstenstraße direkt am Indischen Ozean weiter. Kleine Seebäder und lange Sandstrände wechseln einander ab. Schneller als erwartet taucht das Ortsschild von „Umhlanga" auf. Das Zuluwort, dem wir bereits im Zusammenhang mit dem Schilfrohrtanz der Swasi begegneten, bedeutet hier „Ort des Schilfes".

Unsere engsten und ältesten Freunde hatten empfohlen, sollten wir in die Gegend von Durban kommen, unbedingt im Oyster Box Hotel zu übernachten – vornehmer, gediegener, luxuriöser und vor allem englischer ginge es nicht. Die Vorschusslorbeeren häuften sich bei ihren Erzählungen. Das alles werde direkt am eigenen Sandstrand geboten, mit einem großen Pool für kühlere Tage, inmitten eines tropischen Gartens und direkt beim Wahrzeichen der Felsküste von Umhlanga, dem rotweiß geringelten Leuchtturm.

An all das erinnere ich mich, als ich den Venture vor dem Portal zum Halten bringe. Ein livrierter Portier öffnet die Wagentür des verstaubten und verdreckten Gefährts. Mein letztes Duschbad nahm ich vor zwei Tagen, mein Khakianzug und das Hemd haben Flecken und unter dem südafrikanischen Strohhut strahlt mein bärtiges Gesicht hervor, das ich vor zehn Tagen zum letzten Mal rasierte. Ich hatte mir noch nie einen

Bart stehen lassen und die Reise durch den mehr wilden Teil Südafrikas erschien mir als günstige Gelegenheit, um das Sprießen in meinem Gesicht täglich im Spiegel bewundern zu können. Irene fand an der neuen Anfassqualität Gefallen, bis sie vor zwei Tagen bemerkte, dass die Stoppeln zu weich geworden seien. Nun denn, heute müssen sie noch weg.

Hinter dem Tresen in der Halle steht ein baumlanger Inder mit öligen, schwarzen Haaren und gekreuzten goldenen Schlüsseln rechts und links am Revers seines schwarzblauen Dienstanzuges – der Empfangschef. Höflich und doch zurückhaltend nimmt er die Vouchers entgegen, wir haben Zimmer für zwei Nächte mit Meerblick gebucht, und mustert uns und besonders mich von oben bis unten, als er die Schlüssel übergibt.

„Würden Sie bitte für uns einen Tisch im Restaurant für vier Personen zum Dinner um 7 Uhr abends reservieren", sage ich höflich zu ihm.

Er zögert etwas und überlegt die geeignete Formulierung. „Aber ja, für 7 Uhr", wiederholt er und ergänzt: „Bitte entsprechende Kleidung."

„Mal sehen, ob Sie mich später wieder erkennen", sage ich gut gelaunt zu ihm, und lege einen Beutel mit Wertsachen und einen zweiten von unseren Freunden vor ihm auf den Tisch. „Wir würden unsere Papiere gerne in einen Safe geben."

Der Inder bückt sich, holt einen großen Briefumschlag hervor, steckt die beiden Beutel hinein, verklebt ihn und schreibt darauf unsere Zimmernummern. Geduldig bleiben wir stehen, doch nichts geschieht.

„Kann ich noch etwas für Sie tun?" Der Inder sieht uns fragend an.

„Wir warten auf den Safeschlüssel."

„Es gibt nur einen Safeschlüssel und diesen habe ich." Die Stimme kam aus der geöffneten Tür des Büros. Eine ältere Dame mit schütteren, blonden Haaren und hoch bis unters Kinn geknöpfter, weißer Spitzenbluse erscheint. Sie nimmt den Umschlag, den ihr der Empfangschef wortlos reicht, entgegen, geht zu einem Wandschrank, öffnet die Tür, schließt den darin befindlichen Safe mit einem langen, altmodischen, beidseitig gezackten Schlüssel auf und legt den Umschlag hinein.

„Zufrieden?" Ohne auf eine Antwort zu warten, verschwindet sie in ihrem wehenden, knöchellangen Rock hochnäsig wieder in ihrem Büro.

Das Abendessen war großartig, die Küche nicht englisch, wie befürchtet, sondern französisch-mediterran, frisch und einfallsreich; auch nicht à la Nouvelle Cuisine, sondern mehr klassisch und deftig. Wolfgang traf bei der Auswahl des Weines wieder einmal ins Schwarze. Wir sprachen dem Sauvignon blanc vom Morgenhof in Stellenbosch kräftig zu.

Der erste Regierungschef, Nelson Mandela, und die Werbemanager der Tourismusbehörde beschreiben die junge Republik Südafrika gerne als die „Regenbogen-Nation". Elf Sprachen werden hier gesprochen und Menschen aller Kontinente nennen das Land ihr Zuhause. „Südafrika ist heute die Heimat vieler unterschiedlicher Kulturen, Religionen, Hautfarben und politischer Überzeugungen. Jede einzelne ist geprägt von ihren ureigenen Sitten und Gebräuchen: Basotho, Xhosa, Malaien, Zulu, Inder, Europäer, Venda, San. Das Lächeln auf den Gesichtern seiner Bewohner jedoch ist universell. Denn alle haben eines gemeinsam: Sie sehen sich als Südafrikaner, vereint durch ihre tief verwurzelte Liebe zu diesem Land." So lobpreisend modern beschreibt beispielsweise Satour das gewisse Etwas dieses Landes.

Ganz so weltumspannend und Volksstämme übergreifend empfinden wir die Personalpolitik des Oyster Box Hotels nicht, in dem von einer Chefin mit englischer Abstammung ein paar Inder und Nachfahren englischer Pioniere beschäftigt werden, jedoch keine Schwarzafrikaner. Lange wird sich diese Politik einer eigenwilligen und versteckten Apartheid nicht mehr praktizieren lassen. Die Regierung will Beschäftigungsquoten einführen.

Anders zeigt sich uns das Land bei der Fahrt nach Durban am nächsten Morgen. Nirgendwo erlebten wir auf der Reise bisher ein so buntes Völkergemisch, auch nicht in Johannesburg.

Wir halten kurz am Rand der Innenstadt beim Alten Fort. Dort belagerten die Briten 1842 die Stellungen der Zulus, bis sie nach zehntägigem Gemetzel eThekwini, die Lagune, wie die Einheimischen die Bucht und die Stadt Durban noch immer nennen, in Besitz nehmen konnten. Das im Fort untergebrachte Kriegsmuseum interessiert uns nicht.

Als erstes Ziel steuern wir die City Hall an. Das dem Rathaus von Belfast in Nordirland nachempfundene Gebäude beherbergt heute Bibliotheken und Galerien und das ehemalige Gerichtsgebäude daneben das lokale Historische Museum. Ein paar Schritte weiter beeindrucken die historisch restaurierte Fassade des Theaters und der viertelstündliche

Klang der viktorianisch-barocken Da Gama Clock all jene, die noch immer mit verklärtem Blick von den glanzvollen, längst dahingeschwundenen Zeiten des British Empire träumen. Penible Sauberkeit und viel Grün herrschen in diesem Viertel vor, das bis an den Hafen heranreicht, wo die eleganten Kreuzfahrtschiffe an den Kais anlegen.

Das Kontrastprogramm bieten die nicht weit entfernten, staubigen und teilweise heruntergekommenen Straßen der Altstadt rings um den Victoria Market. Den Wagen stellen wir – einigermaßen sicher, so hoffen wir – in einem Parkhaus in der Commercial Street ab, direkt gegenüber der weithin sichtbaren Jumah Masjid. Diese Moschee gilt als eine der größten und prächtigsten der südlichen Halbkugel, wenngleich sie mit ihren Arkadenumgängen und ihrer geschäftigen Betriebsamkeit von außen mehr einem orientalischen Kaufhaus gleicht. Wir quälen uns durch die dichten Menschenmassen in der Grey, Queen und Victoria Street und das noch engere Getümmel im eigentlichen Markt, der als Indian Market bezeichnet wird.

Hier treffen sich in erster Linie Menschen aus Asien, dem Orient und Afrika zu einem Multikulti-Mix auf bescheidenem Niveau. Der eine Beobachter gerät im Gedanken an eine universelle und offene und in allen Metropolen der Welt gemischte Gesellschaft in euphorische Verzückung, während ein anderer sich schlicht an den für seine Kamera idealen bunten Bildern erfreut und ein dritter Betrachter nachdenklich erkennt, dass Integration, wenn sie überhaupt stattfindet, nur freiwillig gelebt werden kann.

In diesem Viertel, in dem Touristen wie Fremdkörper wirken, riecht es gleichzeitig nach Curry, Maisbrei, Leder und Drogeriewaren, duftet es nach gebrannten Nüssen, Donats, Latte Macchiato und Pfannkuchen, während aus den Gullys die Kloake die Luft verpesstet und der Urin aus den Ecken stinkt.

Wo am Tag ein friedliches Miteinander herrscht, bricht mit der Dunkelheit die Apokalypse herein, vor der die Sicherheitshinweise der regionalen Behörden und die dringenden Ermahnungen der ausländischen Botschaften warnen. Hier im Kern des Central Durban und in den Straßen ringsum lauert die in der Dunkelheit kulminierende Gefahr. Die Armut wächst bis zur Verelendung im Müll. Straßenkinder und Furcht einflößende Gestalten treiben sich herum, Einbrecher sind unterwegs,

Dealer und Fixer ebenso, die Prostitution blüht und mit ihr und der sich häufenden Vergewaltigung die neue Geisel der Menschheit – Aids.

An das Versprechen der Politiker und Funktionäre, mit der Fußball-weltmeisterschaft im Jahr 2010 würde sich alles ändern, bis dahin hätten die Behörden und die Polizei die Kriminalität im Griff, will hier niemand richtig glauben.

Die Stadt hat viele Gesichter. Wir fahren durch schmucke wie durch hässliche Ecken dieser Industrie- und Handelsmetropole, deren Skyline dem Kreuzfahrer auf den ersten Blick ein Paradies am Indischen Ozean vermuten lässt. Wir kommen nochmals an der Jumah Moschee vorbei, meiden den weiten Weg zum großen Hindutempel der Krishnasekte und begnügen uns mit dem Blick auf die mehr versteckten, kleineren, indischen Altäre und die Kathedralen der katholischen und anglikanischen Kirchen.

An der Beachfront, der Prachtstraße am Meer, halten wir nochmals kurz. Hotels, Bars, Restaurants, Spielsalons, mehrere Vergnügungsparks, exotische Gärten und ein Aquarium wechseln einander ab. Am Strand tummeln sich Menschen, die das Leben ernst oder locker nehmen, in der Sonne baden, schwimmen oder surfen, exotische Frauen im Bikini und weniger reizvolle in Ganzteiler gehüllt, vermummte muslimische Frauen mit ihren Kindern und ganz in Weiß gekleidete Baptisten, die von ihren Priestern zur Taufe ins Meer geführt werden.

Den Nachmittag verbringen wir in Umhlanga, nicht wie ursprünglich geplant am Strand oder am Pool. Das launische Wetter spielt verrückt. Leichte Wolken und sonnige Abschnitte wechseln mit stürmischen Regenfronten bei insgesamt kühlen Temperaturen.

So müssen wir auf ein Bad im Ozean verzichten. Die Haie hätten ohnehin an uns keinen Spaß gehabt. Netze trennen sie an diesem Küstenabschnitt von ihrer sonst leichten Beute.

Wir suchen deshalb Bewegung zu Fuß und wandern über die O'Connor Promenade zum Umhlanga Lagoon Nature Reserve. Dort folgen wir einem markierten Pfad, der mit Bohlenwegen und Holzrosten feuchte Stellen überquert, teils durch atemberaubende Waldabschnitte führt, dann wieder dem Ufer folgt, den Ohlanga River überbrückt und an der von Mangroven bestandenen und von zahllosen Luftwurzeln geschützten Lagune endet. Affen und wilde Böcke sollen hier ihr Zuhause haben. Sie halten sich im Dickicht versteckt und zeigen sich nicht. Dafür schwirren kleine wie große Vögel umher und Schmetterlinge, die auf Blüten landen, die unseren Augen sonst verborgen geblieben wären. Sie lieben es, abwechselnd ihre großen Flügel zusammenzufalten und im Sonnenlicht wieder auseinanderzuklappen, um Wärme aufzunehmen und Energie für den Weiterflug zu tanken. Sie leiden wie wir unter dem in diesem subtropischen Küstenabschnitt seltenen Kälteeinbruch.

Wieder zurück im Hotel genießen wir erst einmal ein heißes Bad, bevor wir uns auf den Weg ins Restaurant machen.

„Ich freue mich jetzt auf die gemischte Fischblatte, die ich gestern schon im Auge hatte."

„Warum nicht. Aber, es muss ja nicht Hai sein."

Gedanken auf dem Flug

Die Maschine der South African Airline gewinnt rasch an Höhe. Sie zieht eine sanfte Schleife landeinwärts, bevor sie Kurs auf East London nimmt.

Am Horizont leuchten die felsigen Spitzen des Südkamms der Drakensberge in der Morgensonne. Die San haben dort ihre Felsmalereien hinterlassen, als sie vor tausenden von Jahren nach langer Wanderschaft im Süden des afrikanischen Kontinents ihre Heimat fanden. Die ältesten Zeichnungen sind etwa 40.000 Jahre alt, die jüngsten entstanden im 19. Jahrhundert.

Ich schlage den Flugplan aus der Sitztasche vor mir und die Landkarte von Afrika auf. Die „Wiege der Menschheit" – so die übereinstimmende Erkenntnis der Wissenschaft – liegt im Great Rift Valley in Kenia in der Olduvaischlucht. Aus dieser afrikanischen Urheimat begann die Wanderung des modernen Menschen unserer Prägung, des Homo sapiens. Werkzeuge, Feuer und Kleidung waren seine ersten kulturellen Errungenschaften, die ihm halfen, neue Gebiete zu besiedeln und sich einer veränderten Umwelt anzupassen.

Vor etwa 160.000 Jahren erreichten die San die Südküste Afrikas am Indischen Ozean. Steinäxte aus Quarzit, bearbeitete Stücke von Hämatit, von Rotocker, und bemalter Muschelschmuck wurden aus dieser Zeit in den Höhlen bei Mossel Bay gefunden; ebenso Schalenhaufen unterschiedlicher Muscheln – Reste einer abwechslungsreichen Steinzeitmahlzeit. Heute leben die San, die sich mit einer eigentümlichen Klicksprache verständigen, in den Halbwüsten der Karoo im Nordwesten Südafrikas und vor allem in der Kalahari in Namibia und Botswana.

Prähistorische farbige Felsbilder wurden auch in der Sahara entdeckt. Sie sind jüngeren Datums und entstanden etwa im 5. Jahrtausend vor unserer Zeit und zeigen Jäger mit Pfeil und Bogen, Hirten mit Rinderherden sowie Frauen und Kinder vor Rundhütten.

Times Life bildet in der Reihe „Untergegangene Kulturen" eine Tonfigur ab. Hierzu heißt es: „Die elf Zentimeter hohe Tonskulptur einer breithüftigen Frau wurde vor etwa vier Jahrtausenden von einer der ältesten nubischen Kulturen geschaffen." Das Königreich von Kusch, auch Kerma genannt, war die älteste schwarzafrikanische Kultur überhaupt, die etwa von 3500 bis 1450 v. Chr. bestand.

Nubien befindet sich nördlich von Khartum, der Hauptstadt des Sudans, zwischen dem 3. und 6. Katarakt am Oberlauf des Nils. Die Keramik und die Kunst der Metallverarbeitung deuten auf den Einfluss Ägyptens hin, das mehrfach Gesandtschaften nach Kusch schickte, um Elfenbein, Gold und andere geschätzte Kostbarkeiten gegen Türkisschmuck und Papyrus zu tauschen.

Einige Zeit später entstanden mehrere Stadtstaaten und Königreiche am Oberlauf des Niger. Bereits im 3. Jahrhundert v. Chr. beherrschten die Bewohner von Djenné die Schmelze und Schmiede von Eisen. Ihre Blütezeit erlebte die Stadt um 1000 n. Chr.

Zwischen dem 5. und 12. Jahrhundert bestand das Reich Gana, das von den Kalifen in Bagdad als „Goldland" bezeichnet wurde. Der Nachfolgestaat Mali wurde noch größer und reicher

An einer vom Volk der Songhai bewohnten Oase gründeten nomadisierende Tuareg die Stadt Timbuktu. Die Tuareg bildeten die Oberschicht, die Songhai stellten die Bauern, Hirten und Arbeiter. Die Stadt am mittleren Lauf des Niger kam durch den Salzhandel zu Reichtum und erlebte eine Blüte im 15. Jahrhundert.

Zur gleichen Zeit gelangten die Städte Benin und Ife im Delta des Niger zu einem wirtschaftlichen und kulturellen Höhepunkt. Kunstvolle Bronzefiguren und plastisch gestaltete, Geschichte erzählende Wandtafeln geben davon Zeugnis.

Eine neue Kraft war zwischenzeitlich im 7. Jahrhundert n. Chr. aufgetaucht, die den Norden Afrikas nachhaltig durchdrang – der Islam. Sein Einfluss endete jedoch an der Grenze zwischen dem trockenen Grasland und dem Tropenwald.

Auch im Süden Afrikas entstanden kulturelle Zentren. Bei Musina in der Nordprovinz Südafrikas liegen unweit des Limpopo die Ruinen der sagenumwobenen Stadt Mapungubwe. Der „Hügel der Schakale", wie der Ortsname übersetzt werden kann, wurde als heiliger Berg verehrt. Bantustämme siedelten hier um das Jahr 900. Sie nannten sich Venda, Kupfer, nach dem entdeckten Metall. Sie trieben Handel mit den Suahelikaufleuten an der Küste, die mit Seefahrern aus Arabien und Indien in

Verbindung standen. Kupfer, Elfenbein und Gold wurden gegen Glas, Seidenstoffe und Töpferwaren getauscht.

Als das Machtzentrum von Mapungubwe im 12. Jahrhundert unterging, erblühte jenseits des Limpopo Groß-Simbabwe. Eine monumentale Ringmauer und Steinruinen lassen noch heute erahnen, wie reich und mächtig dieses kulturelle, politische und wirtschaftliche Zentrum bis zu seinem Niedergang im 15. Jahrhundert gewesen sein muss. Die Shona nannten die Ruinenstadt dzimba woye, ehrwürdige Häuser. Simbabwe ist heute der Name des an Südafrika grenzenden Staates.

Keines der kulturellen Zentren Schwarzafrikas hatte dauerhaften Bestand. Es fehlten die Schrift und die Geisteswissenschaften zur kulturellen, politischen und wirtschaftlichen Weiterentwicklung. Diese begann erst nach der Landung und Besitzergreifung der Kolonialmächte. So haben die Länder Afrikas – West-, Ost-, Zentral- und Süd-Afrika – ihre Zukunft noch vor sich.

Johannesburg

Pretoria

Blyde River Canyon

Umhlanga

Grand Roche in Paarl

Kapstadt mit Tafelberg

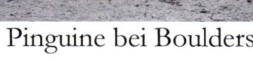

Pinguine bei Boulders

Kap der Guten Hoffnung

Kurzurlaub

Zwölf Tage voller außergewöhnlicher Erlebnisse und 2.250 mit dem Venture zurückgelegte Kilometer liegen bereits hinter uns. Die Badestrände an Natals Südküste zwischen Durban und Port Edward bieten zwar reichlich Freizeitspaß, erschienen uns bei der Planung der Südafrikareise jedoch nicht „exotisch" genug. Wennschon „Kurzurlaub" im Urlaub, dann dort, wo nicht jeder hinfährt, sondern der besondere Reiz des Fremden auf uns wartet. Ich ließ Zimmer im Mpekweni Sun Marine Resort für drei Nächte reservieren.

„Noch nie gehört. Wo liegt das?" Rita und Wolfgang sehen mich fragend an.

„In dem kleinen Land Ciskei. Aber davon habt ihr sicher auch noch nichts gehört."

In der östlichen Kapprovinz lebt das Volk der Xhosa in den ehemaligen Homelands Transkei und Ciskei. Während der Regierungszeit des erzkonservativen de Klerk sollten die Schwarzafrikaner in die Isolation getrieben werden. Diese Gebiete wurden sogar für unabhängig erklärt, nach den freien Wahlen 1994 jedoch wieder Teil Südafrikas und der Provinz Ostkap.

Das Auswärtige Amt mahnte Reisende, die Transkei besuchen wollten, zu größter Vorsicht, da Überfälle auf Fremde zur Tagesordnung gehören sollen. Deshalb nahmen wir den Flieger, betrachteten den Süden Natals und das hügelige Transkei von oben und landeten gegen Mittag in East London.

Bei AVIS steht wieder ein weißer Toyota Venture bereit – nur das Nummernschild hat andere Kennzeichen.

Da die Industriestadt East London wenig bietet, verlassen wir den Airport und fahren über die N 2 direkt nach Ciskei, wo es – ebenfalls nach Auskunft des Auswärtigen Amtes – friedlich zugehen soll.

Wolfgang klatscht sich unterwegs auf die Schenkel. „Ob wir da nicht vom Regen in die Traufe kommen!? Ich lese euch mal kurz die wichtigsten Sicherheitshinweise vor, die mir am Schalter bei AVIS in die Hand gedrückt wurden:
Halten Sie die Türen und Fenster immer geschlossen.

Schließen Sie alle Wertsachen in den Kofferraum.

Nehmen Sie auf keinen Fall Anhalter mit.

Nehmen Sie keine Abkürzungen auf unbekannten Nebenstraßen.

Steigen Sie nicht aus, wenn ein anderer Fahrzeugführer Sie auf einen angeblichen Schaden an Ihrem Fahrzeug aufmerksam macht oder Sie von hinten anfährt. Rufen Sie die Polizei unter 10111.

Polizeilichter sind blau. Halten Sie nicht, wenn weiße Lichter blinken.

Leisten Sie keinen Widerstand, wenn ein Fremder Ihre Wertsachen fordert. Ihr Wohlbefinden ist wichtiger.

Helfen Sie nicht, wenn Sie einen Unfall passieren. Es könnte eine Falle sein. Rufen Sie die Polizei.

Haben Sie selbst einen Unfall, bleiben Sie im verschlossenen Wagen, stellen Sie die Warnbeleuchtung an, rufen Sie die Polizei und warten Sie, bis diese kommt."

Nach kurzer Fahrtzeit passieren wir Bisho, die Hauptstadt von Ciskei, und die nahen Amatolaberge. Die Straße schlängelt sich danach durch eine sehr ursprüngliche Landschaft mit Gras bewachsenen Hügeln und dichten, subtropischen Wäldern. Vereinzelt sehen wir traditionelle Hütten der Einheimischen. Kurz hinter der unscheinbaren Ortschaft Peddie biegen wir zur Küste ab. Noch eine halbe Stunde, dann erreichen wir das Mündungsgebiet des Mpekweni River und unser Hotel, das heute Mpekweni Beach Resort heißt.

„Wir sind ein Xhosa Haus", sagt die junge Frau an der Rezeption mit großem Selbstbewusstsein zu uns. „Wir werden uns bemühen, alle Ihre Wünsche zu erfüllen", fügt sie hinzu.

Elektrizität, Kühlschränke, Klimaanlagen und weiterer moderner Luxus sind vorhanden; anders als in Simunye. Trotzdem spüren wir auch hier von der ersten Minute unseres Besuches an das natürliche und unverfälschte Wesen dieser uns fremden Menschen, die auf uns zugehen, sich öffnen und ihre Hilfe anbieten. Wieder einmal erleben wir ein echtes Stück Afrika.

In den vergangenen Tagen trafen wir mit Ndebele, Shangana, Swasi und Zulu zusammen. Jetzt machen wir die Bekanntschaft der Xhosa. Sie alle gehören der großen Volksgruppe der Bantu an, sprechen verwandte Sprachen und sind doch sehr verschieden. Das drückt sich in ihren kulturellen Bräuchen aus und auch in ihrem Äußeren. Die Ndebele gefallen sich mit Bändern aus farbigen Glasperlen um Kopf und Hals, die Xhosa in der Buntheit ihrer Kleidung. Ihr Kopfschmuck fällt besonders auf. Kunstvolle Gebinde tragen sie zur Schau, in allen Farben, uni und auch gemustert.

Das Personal des Hotels erscheint jedoch dezent und, damit es von den Gästen erkannt wird, einheitlich gekleidet. Wir bemerken, dass sie manches noch zu erlernen haben. Trotzdem treten die hier beschäftigten Frauen sicher auf, ohne überzogen zu wirken.

Sie können durchaus stolz sein, es zu etwas gebracht zu haben, wenn auch uns nicht bekannte Investoren hinter dem Hotelprojekt stehen, das sie, die Xhosa, betreiben.

Die Grillküche am Abend bietet ein reichhaltiges Angebot, das in seiner Zubereitung allerdings bescheiden bleibt.

„Ich habe zum Abschluss dieses Tages das passende afrikanische Sprichwort für euch: Ein freundliches Lächeln ist mehr wert als ein gutes Essen."

„Wir sollten ihnen eine Chance geben", sagt Rita mit kritischem Blick zu mir

„Tun wir doch."

Die Anlage liegt auf einer Lagune mit Blick auf den Indischen Ozean. Ein reiches Sportprogramm wird hier angeboten: Swimmingpool, Wasserski, Wellenreiten, Tennis, Wandern. Langeweile dürfte die nächsten beiden Tage nicht aufkommen.

Die Anlagen des benachbarten Fish River Sun Hotels können mitbenutzt werden. Nach Reiten ist es keinem mehr von uns zu Mute, nach Golf spielen schon.

Wolfgang und ich fahren tags darauf nach dem Frühstück hinüber. Wir brauchen Bewegung und die Spielleidenschaft und Neugier auf einen der schönen Golfplätze an der südafrikanischen Küste treibt uns fieberhaft an. Der Platz wurde von Gary Player entworfen, erfahren wir, einer alten Golflegende. Er schrieb nicht nur in seiner Heimat Südafrika, sondern vor allem auf internationalem Boden Geschichte.

Als Golfschuhe müssen unsere Dockers herhalten. „Ich will ein Auge zudrücken", meint der Mann im Sekretariat. Natürlich, er ist froh über jeden Gast und wir beide sind die einzigen heute, wie sich herausstellt.

Mpekweni Beach Resort

1 2

Xhosa – auf einem Stammestreffen

Fish River Sun Golf Club – 9. Loch

„Ein Caddie ist für jeden Spieler Pflicht."

„Das ist gut, wenn er das Gelände kennt."

„Aber ja, wir haben sehr erfahrene Caddies. Gehen Sie zum ersten Abschlag, Sie werden dort erwartet." Er drückt uns die Scorekarten in die Hand. „Eine gute Runde."

Zwei Xhosafrauen erwarten uns mit den Bags und den Leihschlägern. Sie tragen grüne Blusen und Röcke und ein um den Kopf geschlungenes, breites Band, nicht so voluminös wie bei den Xhosafrauen sonst üblich, aber unverkennbar ähnlich. Schuhe haben sie keine an.

Bevor wir auf die Runde gehen, halten wir erst einmal kurz inne, studieren die Scorekarte und dann die Landschaft mit den im Tal des Fish River eingebetteten Spielbahnen des Golfplatzes: 18 Loch, Par 72, 6.298 Meter und viel Wasser – da gibt es viel zu tun.

Die Leihschläger machen einen neuen Eindruck. Wir werfen ein Tee. Die Spitze zeigt zu Wolfgang. Er schlägt mit dem Driver ab; dann ich. Mein Caddie reicht mir für den zweiten Schlag Eisen 5.

„Ich bin kein Profi", sage ich zu ihr und lasse mir Holz 3 geben. Der Ball landet rechts vor dem Grün zwischen den Büschen. Als ich darauf zugehe, höre ich ein aufgeregtes „No, no, no".

„Bleiben Sie draußen", ruft mir mein Caddie zu und geht selbst hinein, bückt sich und kommt mit dem Ball zurück, den ich mit Strafschlag fallen lassen muss.

„Snakes", sagt sie zu mir und deutet auf die Büsche, „Schlangen".

„Ich trage Schuhe, Sie keine", gebe ich zurück.

„Ich sehe die Schlangen, Sie nicht", erwidert sie.

„Am besten scheint mir, wir bleiben auf den Fairways", gibt Wolfgang zu bedenken.

Der Platz liegt in einer unberührten Gegend. Aus dem Gras- und Buschland wurden Spielbahnen und aus der natürlichen Umgebung Hindernisse. Die dicht bewaldeten Hügelketten geben immer wieder atemberaubende Blicke auf den Indischen Ozean frei. Von den Grüns des zweiten und vierten Loches sieht man auf die Mündung des Fish River und den Leuchtturm auf den Klippen am anderen Ufer.

Das Spiel auf den beiden folgenden Bahnen gleicht einer ausgedehnten Küstenwanderung in freier Natur durch eine von Buschwerk gesäumten und hügeligen Dünenlandschaft.

Dominiert wird der Platz von dem Old Woman's River, der sich quer durch das Gelände schlängelt. Die nicht endende Bahn 12, mit 510 m die längste und schwierigste, führt an seinem Ufer entlang. Die vom Caddie empfohlene Abkürzung mit dem dritten Schlag über das Knie des Flusses wird für meinen Ball zur Falle. Die Bahnen 13 und 16 überwinden dann den Old Woman's River hin und zurück. Wir müssen mit einem Floß übersetzen. Der Fluss ist fast hundert Meter breit – kein Problem für den 13. Abschlag, wohl aber für die Annäherung an der 16. Spielbahn, die an hohen Sanddünen vorbeiführt. Die letzte Bahn zieht sich lang bergauf zum Clubhaus und Hotel, wo wir etwas außer Atem ankommen.

Wir bedanken uns bei den beiden Caddies und reichen ihnen das vereinbarte Geld für ihren Service. Dollars sind ihnen lieber als Rand. Uns soll dies recht sein. Auf der Terrasse genehmigen wir uns das verdiente Bier und genießen den Blick über die Bahnen aufs Meer.

Am späten Nachmittag fahren wir mit den Frauen nach Port Alfred. Die kleine Stadt an der Mündung des Kowie River wurde 1820 gegründet und nach Prinz Alfred benannt, dem Sohn von Königin Victoria. Englisch muten auch die schmucken Häuschen an. Die im Hafen liegenden, meist größeren Yachten machen deutlich, dass im Hinterland betuchte Leute wohnen, die auf See ihr Wochenendvergnügen suchen.

Das Städtchen wird in erster Linie von Weißen bewohnt. Hier, am Kowie River, endete einst in der Meinung der Siedler die „Zivilisation" – dahinter, dort wo wir für zwei Tage und drei Nächte Urlaub machen, begann für sie „Afrika".

Wir fahren über die Brücke und halten in der Van der Riet Street am Port Frances House. Das Ocean Basket wurde uns als Fischrestaurant empfohlen: „A seafood dining experience on the bank of the Kowie River". Das Essen der Küche hält, was die Speisenkarte verspricht: Fisch und Schalentiere in allen Variationen und nicht englisch, sondern mediterran und geschmackvoll zubereitet.

Den zweiten Tag verbringen wir auf dem Gelände des Hotels und an der Küste. Wild Coast wird sie genannt.

Eine Wanderung über die Dünen und den kilometerlangen, schneeweißen Strand überzeugt uns schnell von der Richtigkeit dieses Namens und der Wildheit dieser Region. Ein scharfer Wind türmt hohe Wellen auf, die donnernd auf dem Strand niedergehen. Böen blasen uns Sandkörner in die Augen. An Schwimmen ist nicht zu denken. Die gefährliche Brandung und das kalte Wasser halten davon ab.

Steile Klippen, bewaldete Hügel, Lagunen und Flussmündungen wechseln. Wind und Wellen haben den Fels zu bizarren Formationen ausgehöhlt. Vielen Schiffen wurden die direkt unter der Wasseroberfläche befindlichen Riffs zum Verhängnis, einige zerschellten direkt an den Klippen. Bei der nahen Mündung des Mgwalana River, die wir nach einer knappen Stunde erreichen, verrostet eines der Wracks am Strand, die anderen liegen am Meeresgrund. Der 64 km lange Wanderweg, der zwischen der Mündung des Great Fish River und dem Ncera River an der unberührten Küste Ciskeis verläuft, wurde deshalb Shipwreck Trail genannt.

Viele Vögel sehen wir unterwegs. Kleine Strandläufer suchen mit ihrem langen Schnabel im feuchten Sand nach Muscheln, Schnecken und kleinen Krebsen.

Einige Xhosa waten zwischen den Riffs und überspülten Felsplatten mit Körben umher. Sie sammeln Austern und andere Muscheln.

Auch Angler versuchen ihr Glück. Einen sprechen wir an. Er versucht einen Rifffisch zu fangen, wie er erklärt. „Sie tummeln sich hier in den Sommermonaten." Er deutet auf sein Netz, in dem ein toter Fisch liegt. „Muschelknacker", sagt er, „schmeckt gut." Der Kopf des Fisches und sein Unterkiefer sind außerordentlich groß, damit er in der Tat Muscheln knacken kann. „Im Herbst, in zwei drei Wochen, wimmelt es hier von Sardinen. Die locken die Raubfische an. Dann ist für uns nicht mehr viel zu holen."

Wir wünschen ihm weiter viel Anglerglück und machen uns auf den Weg zurück zum Hotel.

‚Karten schreiben und Ali anrufen – wird 81‘, notierte ich vor der Abreise für diesen Tag. Die Überraschung zu Hause war natürlich groß. Nicht jeder bekommt einen telefonischen Glückwunsch aus 9.350 km Entfernung. Und noch eine Notiz fand ich unter den vorbereiteten Stichworten: ‚Das Bett ruft, denn morgen heißt es, wecken as soon as possible‘. Auch daran halten wir uns.

Elefanten und andere Eindrücke

Ein leichter Wind fächelt durch die Bäume auf dem Gunfire Hill. Wir blicken hinunter auf das weite Feld im Osten. Zu hören ist nichts. Das war vor zweihundert Jahren anders. Gewehrfeuer übertönte das Angst einflößende Geschrei der heranstürmenden Xhosa. Sie warfen Speere und schossen Pfeile auf die weißen Eindringlinge. Die Ureinwohner hatten keine Chance, obwohl sie in der Überzahl waren. Der Stadtgründung von Grahamstown 1812 gingen schon vier „Grenzkriege" voraus; weitere fünf folgten. Da half auch der Bau eines Forts 1836 auf dem Hügel vor der Stadt nichts. Es diente als Signalstation. Im Verlauf von einhundert Jahren wurden die Xhosa gewaltsam bis zum Kowie River zurückgedrängt; später bis zum Fish River Point, wo noch heute die Grenze des von den Xhosa bewohnten Ciskei verläuft.

Wer auf der Homepage der Stadt unter dem Link „The Forts of Frontier Country" blättert, findet seitenweise bebilderte Berichte über die kriegerischen Auseinandersetzungen, die gebauten Forts und die britischen Erfolge. Das Wort Xhosa wird nur im Zusammenhang mit dem hartnäckigen Gegner erwähnt. Über die Herkunft, Lebensweise und Kultur dieses Volkstammes wird keine Zeile verloren.

1824 errichteten Anglikaner ihre erste Pfarrkirche auf südafrikanischem Boden – die heutige St. Michael und St. Georg Kathedrale. Ringsum stehen nicht nur zahlreiche historische Gebäude, meist im viktorianischen Stil, sondern etwa fünfzig weitere Kirchen. Die Stadt Grahamstown wurde eines der Zentren der Missionierung. 75 % aller Südafrikaner nennen sich Christen – welchem Zweig und welcher Sekte sie auch immer angehören. Ein Drittel der Bevölkerung lebt in absoluter Armut von weniger als zwei US-Dollar am Tag und zwei Drittel leiden unter Aids. Da können nur der christliche Glaube oder das althergebrachte Schamanentum helfen.

In der von The Swasiland Government für Touristen herausgegebenen Broschüre wird über die „Sangoma" berichtet. Das sind die traditionellen Heiler, die von den älteren Vorfahren für ihren Clan auserwählt werden. Sie betätigen sich nicht nur als Medizinmänner, sondern kümmern sich auch um das Seelenheil der Gemeinschaft. Ihre Kenntnisse basieren auf einem umfangreichen Wissen über Heilkräuter. Sie gewinnen sich auch Ansehen durch Hellsehen in Trancetänzen und Räucherzeremonien. Am 8. Juni 2009 titelte Welt-Online einen Artikel: „Zwei von drei Südafrikanern vertrauen den traditionellen Heilern und ihren Vorfahren". Lungani äußerte sich vor ein paar Tagen ähnlich auf eine meiner Fragen auf dem Ritt zurück zum Meeting Point. Für die christlich orientierten Kirchen bleibt unter diesen Voraussetzungen wenig Raum.

Am gestrigen Abend hatten wir beschlossen, das Programm für heute zu ändern, den Addo Elephant National Park aufzusuchen und außerhalb von Port Elizabeth zu übernachten. Von einer dritten Pirschfahrt versprechen wir uns mehr afrikanische Ursprünglichkeit als von einem Abstecher zum Cape St. Francis, der Jeffrey's Bay und dem Paradise Beach, wo der weiße Jet-Set seine Urlaubstage verbringt.

Wir verlassen deshalb die N 2 und folgen der R 342, die uns zum Parkeingang im Norden des Geländes führt. Nach kurzer Rast im Camp des Addo Parks empfiehlt der Ranger am zweiten, dem eigentlichen Tor, zuerst dem Wegweiser zum Domkragdam zu folgen und auf der Schleife über dem Nzipondo Point zum Woodlands Point zu fahren.

„Die Chancen, Elefanten anzutreffen, sind groß", meint er auf unsere Frage. „Es sind nur wenige Besucher unterwegs."

Ob wir einen Guide bräuchten, will ich noch wissen? Die Antwort ist kurz und deutlich: „Das Wild des Parks können Sie überhaupt nicht übersehen." Angespannt und aufgeregt fahren wir weiter.

Wir begegnen zuerst Buschböcken, Kudus und Gnus. Auf Büffel stoßen wir auf dem Weg zum Lendlovu Pan Point. Von hier aus halten wir Schritttempo ein, um kein Tier zu übersehen und auch keines zu stören oder gar aufzuschrecken.

Das wellige Gelände lässt keinen großen Überblick zu. Wir nutzen deshalb jede offenere Stelle. Ein Nashorn passiert in der Ferne. Nach den Angaben des Parkprospektes muss es ein Schwarzes Nashorn sein. Wir würden Spitzmaulnashorn sagen. Elands tauchen zwischen den Büschen auf und immer wieder Kudus.

Am Kadouw Aussichtspunkt halten wir länger an. Die Geduld wird belohnt. Das Spitzmaulnashorn kommt wieder in Sicht; diesmal näher und mit seinem Partner, einem Bullen. Einige Duiker äßen ungestört davon im Schutz niedriger Buschgruppen.

Zwischen Kadouw und Bean's Corner würden sich um diese Zeit fast immer Elefanten aufhalten, gab der Ranger uns mit auf dem Weg. Also folgen wir langsam dieser Richtung, halten an jedem Baum und an allen Lücken im Buschfeld. Als Fahrer sehe ich die Losung und die Bruchstellen zuerst. Hier müssen mehrere Elefanten durchgekommen sein. Leider können wir nicht erkennen, ob sie von rechts nach links oder umgekehrt kreuzten. Ein Fahrzeug kommt uns entgegen. Am Steuer sitzt ein Tracker, der eine kleine Gruppe von sechs Personen begleitet. Er hält neben uns an. „Wenn Sie Elefanten suchen, dann sollten Sie hier versuchen zu wenden. Ich konnte im Fernglas beobachten, wie sie vor ein paar Minuten nach Osten zogen. Wenn wir Glück haben, dann kommen sie zwischen dem Kadouw Point und der Mbabala Schleife wieder aus dem dichten Busch."

Wir folgen seinem Ratschlag und fahren langsam hinter ihm her. Etwa 2 km nach der Weggabelung am Kadouw Point hält er an; wir auch. Der Weg macht hier an einem sanften Hang eine Kurve nach links. Rechter Hand befindet sich dichter und hoher Busch und halbrechts voraus ein nur schwach bewachsenes Tal mit einem Bach. Sollten die Elefanten hier queren, stünden wir an einer idealen Position für die Beobachtung der Tiere.

Wir müssen uns lange gedulden, bis etwas passiert. Der Tracker deutet nach rechts in die Luft. Aufgeschreckte Vögel suchen das Weite; ein gutes Zeichen. Ein drittes Fahrzeug hält hinter unserem Venture. Weitere Minuten vergehen. Dann werden wir belohnt. Zuerst wackeln lediglich die Kronen der hohen Büsche. Dann schlingt sich ein Rüssel um die saftigen oberen Zweige, reißt diese nieder und der Blick auf den ersten Elefanten wird frei. Weitere folgen, ganz langsam, sie haben keine Eile, sondern greifen – vielleicht schon satt – fast spielerisch immer neue Zweige, die sie in ihr Maul stopfen. Eine Kuh tritt aus dem Buschfeld heraus. Der Bulle dreht rechts ab und folgt einem Jungtier, das offensichtlich Angst vor den Fahrzeugen hat.

„Da ist wohl einer lebensmüde." Rita sah ihn zuerst. Aus einem weiteren, hinter uns zum Stehen gekommenen Wagen, war ein Mann ausgestiegen, der mit erhobener Kamera hinunter in die Senke läuft, um die

Elefanten aus nächster Nähe zu fotografieren. Was für ein Wahnsinn. Wir sind hier nicht im Zoo, sondern in der Wildnis und Elefanten können im Beisein von Jungtieren unberechenbar sein.

Der Tracker springt aus dem Wagen vor uns, macht sich mit Gesten und Rufen bemerkbar und befiehlt dem Leichtsinnigen, sofort umzukehren. Dieser schießt erst noch ein Foto, bevor er zu seinem Wagen zurückläuft. Glücklicherweise brachte die Aktion die Elefanten nicht aus der Ruhe. Einer nach dem anderen tritt heraus. Sie folgen ein Stück dem Bachlauf, saugen mit dem Rüssel mehrmals Wasser und verschwinden gemächlich, für uns nicht mehr gut einsehbar, im angrenzenden dichten Busch auf der gegenüberliegenden Seite.

Wir setzen die Tour fort. An der Mbabala Schleife begegnen wir zuerst einem ganzen Schwarm von Straußenvögeln, die, von uns aufgeschreckt, in einer Staubwolke die Flucht ergreifen. Dann können wir, allerdings in weiter Ferne, noch einen Elefanten beobachten – einen Einzelgänger, vermutlich ein alter Bulle, der langsam schreitend über Grasland hinweg dem Wald auf einer Anhöhe zustrebt.

Die Ausbeute auf dem Rückweg zum Parkausgang bleibt dürftig. Am Zuurkop Point stampfen einige Büffel durch das hohe Gras und Gnus und Kudus äsen in der Nähe. Wir suchen deshalb den kürzesten Weg zum Ausgang des Addo Parks und treten die Weiterfahrt an.

In einer knappen Stunde erreichen wir den Ortsrand von Port Elizabeth. Direkt neben der stark befahrenen Straße befindet sich ein eingezäuntes Areal – ein Township und Überbleibsel der Apartheid. Unvorstellbare Enge und Zustände herrschen dort. Wellblechhütten, Pappkartons und Bretterbuden bilden ein chaotisches Durcheinander, aus dem unverputzte Steinhäuschen vereinzelt wie Luxusbehausungen hervorstechen. Der dazwischen liegende Unrat und vom Wind durch die Luft gewehte Plastiktüten gehören wie selbstverständlich zum Alltag der dort lebenden Menschen.

Die Stadtverwaltung versucht jetzt Ordnung in diese Welt zu bringen. In einem neu erschlossenen Viertel gehören jeweils ein Dixie-Klo und ein Wasser- und Elektrizitätsanschluss, straßengleich in Reihen aufgestellt, zu den modernen Errungenschaften, die sich acht bis zehn Familien teilen müssen. Das Township grenzt direkt an ausgedehnte Gewerbegebiete. Deren Arbeitsplätze und auch jene in der Stadt und im Hafen reichen jedoch bei weitem nicht aus, den hier im Elend lebenden Menschen ausreichend Beschäftigung zu bieten.

Port Elizabeth selbst ist kein Muss für uns. Häuser im Regency Stil und solche, die an Königin Viktoria erinnern, kennen wir von den Reisen durch England zur Genüge. Wir umfahren deshalb die Stadt in Richtung Walmer, einem Parkgelände im grünen Südwesten.

Rita bekam bei der kurzen Unterhaltung mit den Düsseldorfern in Pilgrims Rest den Tipp, unbedingt einmal in einem Hotel der „Portfolio Collection" zu übernachten. Wir steuern deshalb auf ihren Wunsch das Walmer Gardens in der 10th Avenue an.

Wieder werden Erinnerungen an die Erzählungen Karen Blixens wach, als wir in das Gelände einer Lodge im Landhausstil einfahren. „Ich hatte eine Farm in Afrika …" Mit diesen Worten beginnt jener Roman, der unter dem Titel „Jenseits von Afrika" verfilmt wurde. Das Hotel liegt zwar nicht wie die Farm am Fuße eines Berges, aber, wie der Name des Hotels verrät, traumhaft eingebettet in einem Garten mit subtropischer Bepflanzung.

Der Architekt und der für die Ausstattung verantwortliche Designer haben mit diesem Haus ein Stück „Alte Welt" eingefangen, mit viel kolonialem Flair. Trophäen mehrerer Großwildsafaris hängen in der Halle.

Im Restaurant geht es uns für den heutigen Abend zu vornehm zu. Wir gehen deshalb ins Twin Palms, das Pub des Hotels, wo wir bei einem deftigen Essen, Lifemusik und Fassbier regelrecht versumpfen.

Perlen der Garden Route

Zwischen Port Elizabeth und Kapstadt erstreckt sich jener Küstenabschnitt, der den Besuchern in rosigen Farben beschrieben wird, die Garden Route. Sie erschließt sich jedoch nur jenen, die viel Zeit mitbringen und immer dann, wenn sich die Gelegenheit bietet, die N 2 verlassen.

Wir brechen sehr früh auf und erreichen nach etwa zwei Stunden den Tsitsikamma National Park. Rechts und links der Straße sehen wir Berge und Täler, die kilometerweit von einer üppigen Vegetation überzogen sind. Bäche und Flüsse drängen zum Meer. Uralte und hohe Bäume stehen hier in einem der letzten größeren Urwälder ganz Südafrikas.

Kurz nach dem Hinweisschild auf eine in die Wildnis gebaute Lodge fahren wir über die Storms River Bridge und halten an der Tankstelle des Total Village. Der Fluss grub eine tiefe Schlucht in die bergige und felsige Landschaft, die von einem fast 140 m hohen Wunderwerk der Technik überspannt wird. Bei einer Tasse Kaffee blicken wir von der Terrasse des kleinen Restaurants bewundernd hinüber auf die Brücke und hinunter in die zerklüftete Tiefe.

Ganz in der Nähe legen wir einen zweiten Halt ein. Auf einer kurzen Runde zu Fuß können wir den Big Tree bewundern, einen so genannten Gelbholzbaum, der mehrere hundert Jahre alt sein soll. Schilder am Wegesrand erläutern die Pflanzen des Waldes. Aloen, Windrosen und Proteen wachsen zwischen Stinkholzbäumen, die gar nicht stinken, und weiteren Gelbholzbäumen. Aus den Ästen der harten Eisenholzbäume fertigten die Afrikaner einst Waffen – Speere und Schlagstöcke – und Gebrauchsgegenstände. Die Rinde und Zweige des Stinkholzes pulverisierten sie. Mit Wasser oder Milch aufgegossen gewannen sie eine Medizin, die sie gegen Bauch-, Brust- und Blasenschmerzen einnahmen und mit der sie fieberige Erkrankungen und Malaria bekämpften.

Die Ureinwohner, die Khoi, lebten hier sehr im Einklang mit der Natur. Der Name Tsitsikamma, den sie der Gegend gaben, bedeutet soviel wie „wasserreicher Platz". Auf der Fahrt durch den Nationalpark und hinunter zum Storms River Mouth Rest Camp zeigt sich uns, wie treffend sie die Bezeichnung wählten.

Hinter dem eigentlichen Gate, das wir 6 km nach dem Abzweig von der N 2 erreichen, erschließen mehrere Trails die wilde und geheimnisvolle Landschaft des Parks. Im Informations-Büro liegen Karten und Prospekte aus. Der Dolphin Trail, für den 2 Wandertage veranschlagt werden, führt jenseits des Storms River 17 km nach Osten; der Otter Trail 42 km/4-5 Tage an der Küste nach Westen; der Mountain Trail 65 km/6 Tage durch die Berge im Hinterland westlich bis zum Nature's Valley.

Wir begnügen uns erst einmal mit einem kurzen Aufstieg zu einem Aussichtspunkt oberhalb des Swartrif, des Schwarzen Riffs. Trotz angestrengter Suche mit dem Fernglas können wir weder Delfine noch Wale entdecken; auch keine Robben und Fischotter. Fliegende Fische sind dafür kein Ersatz. Die Flugschau der Vögel zu beobachten, ist schon aufregender, besonders wenn sie wie Pfeile ins Wasser stürzen, um gleich darauf mit ihrer Beute im Schnabel wieder aufzutauchen.

Das Camp bietet Unterkünfte in mehreren Chalets an. Wir haben jedoch nicht hier, sondern in Wilderness gebucht. So entschließen wir uns, den kurzen Mouth Trail zu erwandern, der am felsigen Kap vorbei in die Schlucht des Storms River zu einer Hängebrücke führt. Der Fluss hat sich ein tiefes Bett zwischen die 40 m hohen Klippen beidseits seiner Mündung in den Ozean gegraben. Der Pfad schlängelt sich durch immergrünen Wald entlang der Küste und gibt mehrfach Blicke auf den Ozean frei. Ein paar Meter abseits in einer Höhle wurden Spuren von Menschen entdeckt, die hier bereits vor etwa 130.000 Jahren Unterschlupf suchten. Es müssen San oder Khoi gewesen sein, die Muscheln sammelten und verzehrten. Das mit modernen Methoden festgestellte Alter der hinterlassenen Schalen gibt Aufschluss über die ungefähre Zeit, zu der die Urbevölkerung hier lebte.

Noch ein paar Schritte und wir erreichen die schaukelnde Brücke, die wir mit etwas Gänsehaut überqueren. Auf der anderen Seite beginnt der Dolphin Trail. Entgegenkommende Hiker meinen, dass wir für den steilen Aufstieg bis zum ersten Aussichtspunkt fast eine Stunde brauchen würden. Wir entschließen uns deshalb umzukehren und die Zeit für weitere Erkundungen an der Küste westlich des Camps zu nutzen.

Für eine Wanderung auf dem Otter Trail muss eine Genehmigung der Parkaufsicht gegen Gebühr eingeholt werden. Die ersten 3 km bis zu den Wasserfällen sind jedoch frei begehbar. Da die Zeit reicht, brechen wir auf. Wind und Wellen haben die Küstenlandschaft stark zerklüftet.

Atemberaubende Ausblicke bieten sich uns. Das Schuhwerk leidet auf dem oft steinigen Pfad. Wanderstöcke wären sinnvoll. Schneller als erwartet erreichen wir den Wasserfall, der in mehreren Kaskaden in einen

Elefanten im Addo National Park

Trophäe im Camp

Tsitsikamma National Park

natürlichen Pool stürzt. Auf dem Rückweg entdecken wir, worauf uns vor einer halben Stunde durch Klippen die Sicht versperrt war – mehrere Robben, die dösend auf einer Felsplatte liegen.

Leicht ermüdet sinken wir bald darauf in die Sitze unseres Ventures. Getränke und einen Snack haben wir an Bord, so dass wir auf eine Rast im Camp verzichten können.

Auf der Weiterfahrt zu unserem Tagesziel biegen wir in die R 102 ein. Diese Empfehlung, wie auch viele andere, gab mir Thoralf Teubner, der Herausgeber der Online Reiseführer für Südafrika und Kapstadt. Die alte Straße führt tief hinein in die Tsitsikamma Mountains und gibt einen tollen Blick auf ein weiteres, noch größeres technisches Wunderwerk frei, die Brücke über den Bloukrantz River. Nicht die Spannweite macht den Kick aus. Wegen ihrer Höhe von 216 m gilt sie für besonders wagemutige Bungee-Springer als die ultimative Absprungstelle in der ganzen Welt. Einem Jumper schauen wir bei seinem Sprung zu. Keiner von uns würde auch nur annähernd soviel Mut aufbringen, wie der junge Mann, der mit einem orgastischen Schrei in die Tiefe stürzt.

In einer großen Schleife führt die R 102 hinunter zum Groot River. Der Fluss ergießt sich beim Nature's Valley in den Indischen Ozean. Am gegenüberliegenden Ufer endet der Otter Trail, dessen ersten kurzen Abschnitt wir heute gegangen sind.

Wolfgang und ich wechseln immer wieder als Fahrer. Das ermöglicht uns einen weiteren Abstecher auf der heutigen Tour, ohne durch die Verlängerung der Strecke zu sehr zu ermüden. Wir steuern den bekannten Badeort Plettenberg Bay an. Hoch über dem Meer thront auf einem Kap ein riesiges Hotel, dessen Anlage so überfüllt ist wie der nahe Sandstrand und der ganze Ort.

Einen letzten kurzen Halt legen wir in Knysna ein. Die kleine Stadt liegt an einer Lagune im Schutz von zwei eindrucksvoll zerklüfteten Felsstöcken, den Knysna Heads.

Von hier sind es nur noch wenige Kilometer bis Wilderness. Wir wohnen im Karos Hotel direkt an der Lagune, genehmigen uns nach dem Essen einen entspannenden Schluck an der Bar und suchen bald die Ruhe im klimatisierten Zimmer.

## Strauße statt San und Khoi in der Karoo

Der Blick vom Hotelfenster am frühen Morgen zeigt mir, dass der Ort Wilderness seinem Namen voll gerecht wird. Der Touw River durchfließt die Lagune hinter einer Sanddüne, hohe Wellen brechen sich rechts und links der Mündung am kilometerlangen Sandstrand und Berge mit dichtem Urwald umrahmen die Siedlung mit ihren schmucken Häuschen. Die Waterside Road überbrückt den Touw River, hinter dem Wanderwege direkt in den Wilderness National Park führen. Ich animiere unsere Gruppe zu einem Spaziergang bis zum Island Lake. Flamingos suchen im Salzwasser der Lagune nach Nahrung. Fischreiher stolzieren zwischen Schilfrohr und Binsen. Das blaue Federkleid der Eisvögel glänzt in der Morgensonne.

Fliegen belästigen uns. „To Die Vleie" heißt der Feldweg, den wir begehen: „Zu den Fliegen". Wir drehen bei.

Ein zunächst nicht zu erklärendes Geräusch ist zu vernehmen, das rasch lauter wird und sich als das Fauchen, Zischen und Stampfen einer Dampflok entpuppt, die Personenwagen hinter sich herzieht. Jedem Nostalgiker schlägt das Herz bei einer solchen Begegnung schneller. Der Outeniqua Choo-Tjoe Train zieht rauchend an uns vorbei. Er fährt täglich von George über die Outeniqua Mountains nach Knysna und zurück. Zu unserer Freude hat der Qualm der Lok die Fliegen vertrieben.

Wir nehmen Abschied von Wilderness und biegen auf die Seven Passes Road ein. „Keine Angst", bemerke ich, „zunächst wartet nur ein Pass auf uns."

Zuvor streifen wir George, einen malerischen Ort auf einem Hochplateau, der einen längeren Aufenthalt verdient hätte. Doch die Zeit ist knapp. Wir haben heute noch viel vor.

Direkt am Ortsausgang beginnt die Auffahrt in die Outeniqua Berge. Die Übersetzung dieser Bezeichnung aus der Sprache der Ureinwohner verrät, dass hier viele Bienenvölker zu Hause sind. „Männer die Honig tragen" heißt Outeniqua. Eine blumige Sprache, die ihre Kraft auch aus den vielen blühenden Pflanzen schöpft, die am Wegesrand stehen.

Die Passhöhe erreichen wir mühelos und nach einer guten Stunde Fahrt treffen wir in Oudtshoorn ein, im Herzen der Kleinen Karoo und dem Zentrum der Straußenzucht.

Zwischen den Outeniqua Mountains und den nördlich davon gelegenen Swartberg Mountains breitet sich rings um den Grobbelaars River eine fruchtbare Hochebene aus, die bereits in früher Kolonialzeit von den Buren besiedelt wurde. Die Farmer vertrieben die Ureinwohner, die San und Khoi, die hier seit Jahrtausenden lebten, bestellten das Land und züchteten Schafe und Rinder und Strauße. Ein Städtchen wuchs heran. Die Holländisch Reformierte Gemeinde baute eine erste Kirche. Weitere repräsentative Bauten folgten.

Ende des 19. Jahrhunderts kamen Straußenfedern in London und anderen europäischen Städten in Mode, die zu hohen Preisen vermarktet werden konnten. Oudtshoorn wurde reich. Die Farmer mauserten sich zu „Straußenbaronen", die sich im Bau herrschaftlicher Villen übertrafen, die heute „Federpaläste" genannt werden. Wohntürmchen, dekorative Giebel und schmiedeiserne Gitter wurden zum Statussymbol.

Wir drehen eine Runde im Zentrum und fahren dann langsam die Baron van Reede Street entlang bis zu unserer Unterkunft, der Rosenhof Country Lodge. Unsere Frauen sind begeistert. Das Haupthaus und die im Garten verstreuten Gästehäuser leuchten in blendend weißer Farbe; ebenso die unzähligen Rosen, die an Gittern und Bögen zu weißen Spalieren und Durchgängen gezogen wurden. Die weißen Tische auf der Terrasse wurden für den Lunch mit weißen Tüchern und Servietten gedeckt, die Stühle dazu und die Liegen am Pool mit weißen Polstern versehen und auch die Möbel und die Wäsche unserer Zimmer sind ganz in Weiß gehalten.

Das Innere der Lodge und ihr Ausstattung selbst heben sich davon ab. Türrahmen, Decken und Fußböden wurden aus dem warmen Holz des Gelbholzbaumes gearbeitet. Kostbare Vorhänge und farbige Tapeten umrahmen wertvolle antike Möbel.

„Können wir das bezahlen?" Die Frauen sehen mich fragend an.

„Macht euch keine Sorgen. Wir haben bereits im Voraus bezahlt."

Wolfgang zuckt lediglich mit den Achseln. Er hält sich aus diesen Dingen grundsätzlich heraus.

Wir checken ein, übergeben die so genannten Vouchers für die Übernachtungen, fragen nach einem Stadtplan mit den Sehenswürdigkeiten, lassen uns Tipps für eine Rundtour durch die Swartberge und die nahe Große Karoo geben und brechen auf.

1 Kleine Karoo

2 San Frau

3 San Mann

4 Khoi Familie

5 Felszeichnungen der San

Unser erstes Ziel sind die Cango Caves. Die R 328 führt über das Dorf Schoemanshoek direkt in die Berge. Wir verlassen die grüne Landschaft, durchfahren eine kleine Schlucht und erreichen nach einer kurzen Passstraße die Tropfsteinhöhlen. Der Ansturm an Touristen schockiert ein wenig. Trotzdem schließen wir uns einer kurzen Führung an.

Die große Höhle gleich nach dem Eingang fasziniert, wenn man sich vorstellt, wie hier zwischen Stalaktiten und Stalagmiten bereits vor zehntausenden von Jahren die Ureinwohner Südafrikas, die San, hausten. Sie suchten nicht nur Zuflucht bei Stürmen, sondern auch Schutz vor Löwen und anderen wilden Tieren.

Menschliche Spuren, wie Werkzeuge und Speerspitzen, wurden nur beim Höhleneingang gefunden. Tief ins Innere konnten die San nicht eindringen, da sie über kein tragbares Licht verfügten. Ein Show Room vermittelt Wissenswertes über die Entstehungsgeschichte der Höhlen und ihre frühen Bewohner; leider wenig über die von der Witterung stark zerstörten Felsmalereien.

Die Swartberge trennen die Kleine von der Großen Karoo. Bis zu dem Örtchen Prince Albert müssen wir 32 km zurücklegen. Dafür brauchen wir länger als gedacht, werden jedoch durch eine abenteuerliche Fahrt auf einer „unpaved", also ungeteerten, Passstraße mit grandiosen Ausblicken mehr als belohnt. Zickzackkurven führen hinauf auf 1.583 m Höhe und anschließend wieder hinunter. Das faszinierende Tal von Kruisriver, umrahmt von roten Sandsteinfelsen, öffnet sich zur Linken und voraus mündet die Straße in einer engen Schlucht mit fantastischen Felsformationen.

„Karoo" bedeutet in der Sprache der San „trocken". In der Tat nimmt die Strauchvegetation ab, je weiter wir auf der R 328 nach Norden vordringen. Wir haben die Große Karoo erreicht – eine offene Steppenlandschaft, die von steinigen und sandigen Wüstenflächen durchzogen wird. Hierher wurden die San und die Khoi von den ins Landesinnere drängenden holländischen Buren und später von den Briten vertrieben, in eine weitläufige  Landschaft, die den Flüchtenden nur geringe Überlebenschancen bot.

Die meisten zogen deshalb weiter in den Norden der Großen Karoo und über den Oranje River hinaus bis in das heutige Namibia und nach Botswana. Doch wer sind das, die San und die Khoi?

Funde zeigen auf, dass die Vorfahren des modernen Menschen bereits in der Steinzeit auf ihren Wanderungen bis in den Süden Afrikas vorgedrungen waren. Das liegt 150.000 Jahre und noch länger zurück. Die genetischen Variationen und DNA-Stammbäume der San wie auch ihre eigentümliche Klicksprache belegen ihre Verbindung zu diesen frühen menschlichen Vorfahren. Sie gehören der ältesten auf dieser Welt lebenden Volksgruppe überhaupt an.

Die San, früher verächtlich als Buschmänner bezeichnet, waren Jäger und Sammler. Sie kannten keine Hierarchie, keine Häuptlinge und keine Tabus oder Gesetze. Rangstreitigkeiten und Besitzstreben waren unbekannt. Probleme wurden einvernehmlich im Clan gelöst.

Deshalb hatten es die stark organisierten Bantustämme, allen voran die Zulu, bereits vor dem Eintreffen der Weißen leicht, die San in die Kapregion zu verjagen, aus der sie Jahrhunderte später erneut vertrieben wurden.

Die San bauten sich einfache Hütten aus Ästen, die mit Gras bedeckt wurden, oder suchten unter Felsvorsprüngen und in Höhlen Unterschlupf. Wasser bewahrten sie in Straußeneiern auf. Die Frauen sammelten Früchte, Zwiebel und Samen. Die Männer jagten mit Pfeil und Bogen, wobei sie die Spitzen vergifteten. Orakel wurden befragt, Geister in Trancetänzen angerufen, Pflanzensubstanzen als Heilmittel eingesetzt.

Geburten fanden außerhalb der Siedlungen statt. Erst mit der Rückkehr zu den Hütten wurde das Neugeborene in die Gemeinschaft aufgenommen. Ein Sprichwort der San lautet: „Du kommst und du gehst. Aber wenn du wiederkommst, wirst du bleiben."

Vor etwa 2.000 bis 3.000 Jahren fand eine zweite Volksgruppe ihren Weg bis in den Süden Afrikas, die Khoi Khoi genannt wird, was übersetzt ‚die wahren Menschen' bedeutet. Sie sprachen von sich, den Khoina, und ‚den anderen', den SonQua, den San.

Die Khoi waren Hirten, die Rinder und Schafe besaßen, in großen Gruppen lebten, Siedlungen bauten und weiter zogen, wenn die Weiden von ihren Tieren abgegrast waren oder das Wasser versiegte. Sie kannten eine patriarchalische und soziale Ordnung und heirateten ausschließlich Partner eines anderen Clans.

Beide Kulturen vermischten sich im Lauf der Zeit, weshalb heute oft von den Khoisan gesprochen wird.

Schon von weitem sehen wir in der sich nördlich der Swartberge ausbreitenden öden Steppe den kleinen Ort Prince Albert, ein charmantes aber verschlafenes Nest. Ringsum grünt alles. Die Siedler, die sich hier niederließen, verstanden etwas von der Bewässerung. Plantagen mit Oliven- und Feigenbäumen sind zu sehen. Ziegen werden gehalten, für deren Haare, als Mohair verkauft, hohe Preise bezahlt werden.

Wir sehen viele Schwarzafrikaner, die auf den Feldern arbeiten oder im Ort herumstehen und nichts tun. Vom Stamm der San oder Khoi oder anderer Volksgruppen? Wir wissen darauf keine Antwort.

Auf dem Rückweg fahren wir über Klaarstroom und De Rust. Dazwischen liegt die Meiringspoort, eine eindrucksvolle und nicht endende Schlucht. Malerische Bilder wechseln. Bizarr gefaltete Sandsteinklippen schimmern tiefrot in der Nachmittagssonne.

An einem Parkplatz legen wir inmitten der Schlucht zuerst eine Rast ein und unternehmen noch einen Spaziergang zu einem nahen Wasserfall. Der Schatten der Bäume bringt angenehme Kühle. Vögel und Schmetterlinge begleiten uns. Dann fahren wir ohne Halt weiter bis zu unserem Hotel.

Die heiß ersehnte Erfrischung im Pool des Rosengartens bleibt ein Wunschtraum. Das Wasser wurde von der Sonne so stark aufgeheizt, dass an Abkühlung nicht zu denken ist. Wir belassen es bei ein paar Bahnen und ziehen uns zu einer kurzen Ruhepause in unser Gästehaus zurück. Auf dem Weg dorthin, ich gehe barfuß durch das kurz geschnittene Gras, verspüre ich einen Stich unterhalb des äußeren Knöchels am linken Fuß. Ich kann nichts erkennen und achte nicht weiter darauf, was sich noch als großer Fehler herausstellen sollte.

Nach dem Dinner, auf Wunsch des Hausherrn mit Klubjacke und Krawatte, sitzen wir in gemütlicher Runde mit den Besitzern der Lodge und einigen anderen Gästen auf der Terrasse und genießen kühle Drinks und den Sternenhimmel. Als Hauptgang wurden, wie könnte es in Oudtshoorn auch anders sein, Straußensteaks serviert – leider auf englische Art mehr gekocht als gebraten. Rita schwärmt noch immer begeistert von der typischen Minzesoße, an der Irene und ich keinen großen Geschmack finden. Auf meine schon oft in der südlichen Hemisphäre gestellte Frage nach dem Kreuz des Südens bekomme ich auch hier ausweichende Antworten und den Hinweis, dass dieses Sternzeichen erst spät in der Nacht ausfindig zu machen sei. So komme ich zu einem Thema, das mich schon den ganzen Tag beschäftigte. „Leben hier in Oudtshoorn und in der Kleinen Karoo noch Familien der San und der Khoi?", frage ich den Chef des Hauses.

„Die Buschmänner sind alle verschwunden", gibt er zurück und lässt durch sein Minenspiel erkennen, dass ihm an einer Unterhaltung darüber nichts liegt.

Es ist verpönt, von Buschmännern oder gar von Hottentotten zu sprechen, so wie wir nicht mehr Neger, sondern Schwarzafrikaner oder Schwarze sagen.

Seine abweisende Haltung reizt mich. „Überall leben Schwarze, die in der Landwirtschaft und auch im Service, wie hier bei Ihnen in der Lodge, beschäftigt werden. Welchen Stämmen gehören die an?"

„Für uns sind das einfach Schwarze. Die sind doch alle gleich." Das war's. Mehr kann ich ihm nicht entlocken. Aus seinem Gesicht spricht die Sehnsucht nach der Zeit der Apartheid. Doch die ist überwunden.

Aloe                    Windrose

Höhle am Point in Mossel Bay

Pinnacle Point          Küste am St. Blaize Trail

Protea                  Protea

Später Lunch mit Leberwurst

Die Crocodile Ranch und zwei Straußenfarmen werben in Oudtshoorn um Besucher. Wir entscheiden uns bei der Highgate Ostrich Farm für einen Halt, da sich diese an unserer heutigen Route befindet.

Wohin wir sehen und soweit das Auge reicht: Strauße über Strauße. Der Verkauf des Fleisches scheint rentabel zu sein. Im Verkaufsraum wird viel Kitsch angeboten und die laufend veranstalteten Shows dürften mehr die Kinder als die Erwachsenen interessieren. So verzichten wir auf eine zeitaufwendige Führung und fahren auf dem kürzesten Weg auf der R 328 weiter über den Robinson Pass hinunter ans Meer.

Die heutige Tour, eine der längsten unserer Reise, habe ich mit rund 400 km berechnet. Trotzdem nehmen wir uns die Zeit für zwei Rundgänge durch Mossel Bay – für mich ein absolutes Muss.

Nicht weil hier Bartolomeu Diaz bei seiner Erstumrundung Afrikas im Jahr 1488 landete und seine Karavelle mit frischem Wasser versorgte, bevor er auf der Suche nach Indien weiterfuhr, sondern wegen der hier seit der Steinzeit lebenden Menschen.

Ob Diaz mit deren Nachfahren, den San oder auch den Khoi, zusammentraf, wurde nicht überliefert. Alle Informationen, die mit dieser Entdeckungsreise zusammenhingen, unterlagen der strengen Geheimhaltung. Und wir werden leider auch hier nicht auf diese Afrikaner stoßen, da sie „verschwunden" sind, wie sich der Besitzer der Rosenhof Lodge ausdrückte.

Am Markt in der Altstadt stehen noch Häuser aus der Mitte des 19. Jahrhunderts. Wir gehen zu Fuß bis ans Ende der Church Street. Von dort aus können wir sowohl auf den Strand mit der Landungsstelle als auch den sehr betriebsamen Hafen blicken.

Dann fahren wir über die Marsh Street hinaus zum Kap, das hier Point genannt wird. Vasco da Gama gab ihm den Namen Cape St. Blaize, weil er am Tag des heiligen Blasius hier vorbeikam. 1864 wurde darauf ein Leuchtturm errichtet, auf dem bis heute die Wärter rund um die Uhr ihren Dienst verrichten.

Wir parken den Venture und gehen auf einem Pfad bis zu einer Höhle, die geschützt oberhalb des Ozeans und der anbrandenden Wellen liegt. Hier und in einer zweiten Höhle ein Stück weiter südwestlich am so genannten Pinnacle Point stießen Forscher unter den Kotbergen der Vögel auf ganze Haufen von Muschelschalen, Gegenstände aus Stein und bearbeitete Stücke aus Rotocker, die beweisen, dass hier Menschen lebten. Das Alter der Funde wird mit etwa 165.000 Jahren angegeben. Die Artefakte gelten als die ältesten Belege für die Verwendung von Farbstoffen durch den altsteinzeitlichen Homo sapiens überhaupt.

Diese Frühmenschen waren bereits handwerklich sehr geschickt. Aus Quarzit schlugen sie Schaber, Messer und Pfeilspitzen. Ihre Nahrung war reichhaltig. Schalen von fünfzehn verschiedenen Muschelsorten wurden gefunden. Und die Pfeilspitzen lassen darauf schließen, dass sie auch an Land auf die Jagd gingen.

Auf dem Rückweg und Aufstieg zum Leuchtturm sehen wir, wie bereits vor ein paar Tagen an der Wild Coast, einige Männer, Frauen und Kinder, die auf den flachen Ausläufern des Kaps Muscheln sammeln. Diese einfache Art und Weise der Nahrungsbeschaffung blieb über die Jahrtausende unverändert.

Direkt beim Leuchtturm beginnt ein Wanderweg, der St. Blaize Trail, der nach 13 km in der Dana Bay endet. Die Pinnacle Point Höhle befindet sich etwa in der Mitte. Zu weit entfernt, stellen wir fest, da wir für diesen Weg hin und zurück etwa vier Stunden brauchen würden. Wir fahren deshalb über die Seemeeu Road hinaus zum Vorort Heiderand, wo wir beim Golf Club links abbiegen, am Ende der Straße aussteigen und zu Fuß zum St. Blaize Trail hinuntersteigen. Grandiose Ausblicke eröffnen sich uns. Am Kap im Westen, fast greifbar nahe, sehen wir die Pinnacle Point Höhle, die durch ihre Funde bei den Wissenschaftlern Berühmtheit erlangte.

Wir nehmen zunächst Abschied vom Indischen Ozean. Noch knapp 300 km Fahrt im Landesinneren sind zu bewältigen. Ich fühle mich nicht wohl. Kopfweh und leichtes Fieber belasten mich. Auf meine Bitte setzt sich Wolfgang ans Steuer. Die Ortsdurchfahrten von Riversdale und Heidelberg verschlafe ich. Als ich blinzelnd wieder die Augen öffne, durchfahren wir eine Eichenallee. „Swellendam" gibt mir Wolfgang zu verstehen. Ein schöner Ort mit vielen historischen Gebäuden am Fuße einer Bergkette, der Langeberg Range. Mitten im Grünen steht ein Haus im kapholländischen Stil, ein Restaurant. Wolfgang hält an. „Zeit für einen Imbiss", meint er. Dann kommen wir aus dem Staunen nicht heraus und fühlen uns wie zu Hause. Die Wirtin im Dirndl führt uns durch den Gastraum hinaus in einen schattigen Biergarten. Frisches Bier wird vom Fass in Glaskrügen mit Dellenschliff gereicht und die Speisenkarte verlockt mit hausgemachten Spezialitäten aus Hessen, Bayern und der Pfalz: Rippchen mit Sauerkraut, grobe, feine und Pfälzer Leberwurst, Sülze, Schwartemagen, Leberkäse, weitere kalte und warme Schmankerln und dazu Semmeln oder Sauerteigbrot. Da lacht das Herz.

Sie sei aus Hessen, ihr Mann aus Bayern, verrät sie uns. Seit fünfzehn Jahren leben sie schon hier und fühlen sich inzwischen als Südafrikaner.

„Guten Appetit" wünscht sie beim Servieren. „Lassen Sie sich die Brotzeit schmecken."

Mir soll das nicht so sehr gelingen. Das Fieber steigt weiter. Ich greife zum Aspirin.

Getreideanbau und Schafzucht beherrschen das Landschaftsbild auf der Weiterfahrt, die kein Ende nimmt und für mich zur Qual wird. Den Ort Bredasdorp umfahren wir. Südöstlich davon liegt das zweihundert Jahre alte Fischerdorf Waenhuiskrans mit dem Arniston Hotel, dem heutigen Tagesziel.

Im Jahr 1815 lief hier der britische Dreimaster Arniston in schwerer See auf Grund. An Bord befanden sich verwundete Soldaten aus Sri Lanka, damals noch Ceylon genannt, die nach England unterwegs waren. Die Segel des Schiffes zerfetzten im Sturm. Der Kapitän wollte das Schiff stranden. Die Arniston zerschellte jedoch an einem der vielen Riffe und brach entzwei. Nur sechs der über dreihundert Passagiere überlebten das tragische Unglück. Die Einheimischen sprechen deshalb von Arniston, wenn sie das Dorf Waenhuiskrans meinen.

Mein Zustand hat sich nicht gebessert. Der rote Punkt an meinem Knöchel vergrößerte sich seit gestern und ringsum schillert inzwischen ein mehrfarbiger Kreis. Ich gebe Zugsalbe und ein Pflaster darauf und beschließe den Abend, bevor er richtig beginnt.

Septic bite left leg

Zum Fieber gesellen sich Schweißausbrüche. Trotz größter Müdigkeit komme ich nicht in den Schlaf.

Draußen tobt ein Sturm. Ich beobachte das Meer. Wellenberge rollen heran, türmen sich an den Riffs weiter auf und klatschen laut krachend gegen die Klippen. Der Indische Ozean kocht. Der Wind jagt heulend um das Haus. Segelschiffe, die keinen sicheren Abstand hielten und der Küste zu nahe kamen, hatten damals im 19. Jahrhundert keine Chance. Sie zerschellten, da ein Kreuzen gegen den Sturm unmöglich war.

Irgendwann spät in der Nacht schlafe ich endlich ein. Ich kann Kräfte sammeln und am Morgen bemerken, dass die Temperatur zurückgegangen ist. Die Sonne scheint. Das weckt den Unternehmungsgeist. Ich „blase" früh zum Aufbruch.

Der älteste Ortsteil Arnistons heißt Kassiesbaai. Dort stehen mit Reet gedeckte Fischerhäuschen. Sie wurden unter Denkmalschutz gestellt. Ein Maler stand schon vor uns auf. Er versucht sich darin, die Fischerhäuser in der zarten Stimmung des hellen Morgenlichts im Kontrast mit der immer noch schäumenden See einzufangen.

Wir wandern an ihm und den Häusern vorbei, den Strand entlang und besteigen eine der großen Dünen des Nature Reserve am Ende des malerischen alten Dorfes. Das Meer schlug im Lauf der Zeit große Höhlen in die Küstenlandschaft.

Den Venture hatten wir gleich nach dem Frühstück gepackt. Ich fühle mich besser und übernehme das Steuer. Durch Obstplantagen und Weizenfelder führt uns der Weg nach Struisbaai und zum Kap Agulhas.

Die portugiesischen Seefahrer gaben dem Kap diesen Namen. Agulha heißt Nadel. Und mit Nadelkap bezeichneten sie die südlichste Spitze Afrikas. Die Kompassnadel zeigt hier genau nach Norden.

Eine zweite Auslegung besagt, dass sich der Name auf die ungezählten scharfkantigen Riffe bezieht, die dem Kap vorgelagert sind.

Wie auch immer. Hier treffen auf jeden Fall der Atlantik und der Indische Ozean aufeinander und mit ihnen im Verbund die unterschiedlichen Wetterlagen und Strömungen. Das macht das raue und windumtoste Kap Agulhas noch gefährlicher als das Kap der Guten Hoffnung, das 150 km weiter westlich und 50 km nördlicher liegt.

Wir steigen hinauf zum Leuchtturm, um die Küste nach beiden Seiten einsehen zu können. Einige Kilometer westlich ragt ein Wrack aus der aufgewühlten See – der japanische Fischtrawler Meisho Maru 3, der hier 1982 sank. Eine Mahnung für alle Seefahrer, die zu geringen Abstand von den Riffs halten, denn vor der Overberg Küste, wie der ganze Landstrich heißt, liegen weitere 140 Schiffe auf dem Meeresgrund.

Friedlich geht es in den schicken Badeorten und Buchten weiter westlich zu. Obstgärten und bewirtschaftete Felder grüßen. Über Elim und Stanford suchen wir den günstigsten Weg nach Hermanus, einen in den höchsten Tönen gelobten Ferienort an der Walker Bay. Nach einem Spaziergang am Strand kehren wir in einem Bistro ein. Wolfgang bringt nach dem Studium der Karte und des Lokals die Sache auf den Punkt. „Wir sind zum Lunch bei einem ‚Warmen‘ ohne Lizenz gelandet.“

Mich stört weder der ‚tänzelnde‘ Kellner noch der fehlende Alkoholausschank, da für mein Befinden eine Tasse Tee die bessere Lösung darstellt. „Gedulde dich bis heute Abend und lass dich in Stellenbosch verwöhnen“, sage ich beruhigend zu ihm.

Wir folgen noch ein Stück der Küste, streifen die Badeorte Onrus und Hawston, durchqueren das Marschland des Bot River, das von tausenden von Wasservögeln bevölkert wird, und biegen zwischen Grabouw und Elgin schließlich in das Groenland Valley ein. Was Almaty für Kasachstan ist Elgin für Südafrika – die Heimat der Äpfel. Überall wird geerntet; nicht nur Äpfel. Auch Aprikosen, Pfirsiche, Pflaumen und andere Obstsorten wachsen in dieser schönen Gegend.

Bis Franschhoek werden wir noch eine Stunde Fahrtzeit benötigen. Mein Zustand hat sich wieder verschlechtert. Trotzdem bleibe ich am Steuer, da mich das Fahren von meinem miserablen Befinden ablenkt. Ich sollte einen Arzt aufsuchen, bin mir in der Fremde aber ratlos, ob eine Zufallsauswahl die richtige Lösung sein kann. Von einer Empfehlung im Hotel in Stellenbosch, dem heutigen Endziel, verspreche ich mir mehr Sicherheit. Ich parke deshalb den Venture erst einmal in Franschhoek in einer Nebenstraße im Schatten eines Baumes und versuche auf der Rückbank zu schlafen, was mir auch gelingt.

Zwei Stunden vergehen, die in meiner Erinnerung nicht vorkommen, so tief konnte ich schlafen. Die beiden Frauen und Wolfgang berichten auf meinen Wunsch ausführlich von ihrem Rundgang durch das von französischen Hugenotten gegründete Städtchen, die den Weinbau kultivierten. Noch immer werden hier vor allem die klassischen Sorten der früheren Heimat angebaut: weiße Chardonnay und Sauvignon blanc, rote Cabernet Sauvignon und Merlot, aber auch Syrah, Pinotage und Malbec. Wolfgang erzählt vom Weingut Bellingham, wo die drei zu einer Verkostung einkehrten. „Der Sauvignon blanc, den wir probierten, kann mit dem Wein von Morgenhof, den wir in der Oysterbox tranken, bestimmt mithalten", schwärmt er.

Auf der Straße nach Stellenbosch fahren wir am Weingut Boschendal vorbei, eine der ältesten Kellereien in ganz Südafrika. Das kapholländische Herrenhaus gleicht einem kleinen Palais.

Gegen 18 Uhr kommen wir in Stellenbosch an. Ich reservierte Zimmer im Hotel D'Ouwe Werf in der Kerkstraat, der ältesten Herberge Südafrikas. Das unter Denkmalschutz stehende und mit antiken Möbeln ausgestattete Haus kann mich im Moment wenig begeistern. Meine Gedanken kreisen um mein Befinden. Zum Arzt oder ins Bett heißen die beiden Alternativen. Die Praxis des von der Tochter des Managers empfohlenen Arztes hat bereits geschlossen. Er sei gerade auf Hausbesuche unterwegs, würde mich aber nach dem Abendessen ab 20 Uhr empfangen. Die Stunden bis dahin werden für mich zur Qual. Das Fieber steigt. Kalter Schweiß bringt mich zuerst zum Frösteln, bis der Kreislauf verrückt spielt und ein Schüttelfrost mich in mehreren Schüben im Bett hin und her wirft.

Während Irene und die Freunde, ganz nach meinem Wunsch, gemütlich im Restaurant des D'Ouwe Werf zusammensitzen, werde ich pünktlich um 20 Uhr von Elanie abgeholt und um die Ecke in die nahe Dorpstraat gefahren.

„Dr. van Delft", stellt der Arzt sich vor. Er hat in Gießen promoviert und spricht Deutsch. Das wird hilfreich sein.

Als ich ihm die infizierte und inzwischen schwarzblau angelaufene Beule an meinem Knöchel zeige, schüttelt er den Kopf. „Sie hätten schon längst zum Arzt gemusst. Die Sache hätte für Sie bös enden können. Aber noch ist nichts zu spät. Ich werde die Stelle aufschneiden und die Wunde säubern."

„Ist das ein Schlangenbiss?"

„Nein, eindeutig nicht. Durch die Vereiterung kann ich allerdings nicht mehr feststellen, welches Tier Sie gebissen hat. Es handelt sich eindeutig um einen Biss, nicht um einen Stich."

Er desinfiziert die Wunde, schneidet sie über Kreuz auf, säubert sie und näht sie mit vier Stichen wieder zusammen.

Keine angenehme Prozedur. Ich versuche mir Gedanken über das morgige Programm zu machen. Die Ablenkung ist hilfreich.

Dorpstraat in Stellenbosch

Dr. van Delft verabreicht mir noch in seiner Praxis Terramycin als Antibiotikum und verschreibt Antipyn gegen die Schmerzen und Tetracycline gegen die Infektion. „Sie nehmen alle vier Stunden, auch nachts, eine Tablette ein; 30 Stück reichen fünf Tage. Bis dahin wird alles längst vorbei sein."

„Septic bite left leg" schreibt er als Diagnose auf die Rechnung – vereiterter Biss am linken Bein. Die Medikamente holt er aus einem Schrank, reicht mir Wasser und besteht darauf, die erste Tetracycline Tablette noch in seinem Beisein zu nehmen. „Vergessen Sie nicht, den Wecker zu stellen. Sie sollten das Medikament gleichmäßig verteilt und regelmäßig einnehmen."

„Ist eine Nachuntersuchung in Deutschland erforderlich?"

„Wenn Sie ganz sicher gehen wollen, dann ja."

Die Medikamente helfen. Ich schlafe tief, nur unterbrochen vom Wecker um Mitternacht und um 4 Uhr zur Einnahme einer Tablette. Zur nächsten um 8 Uhr sitzen wir bereits beim Frühstück.

Was für ein Tag! Der Kopf ist klar, die Temperatur fast normal und draußen scheint die Sonne. Wir zögern nicht lange und wandern durch das dreihundert Jahre alte Herz von Stellenbosch, das einem Museum gleicht. Die Handschrift holländischer und später englischer Baumeister ist unverkennbar – verspielte Fassaden, Giebel, Sprossenfenster, Kassettentüren, viel weiße Farbe und zu Alleen gereihte Eichen.

Gegründet wurde die Stadt vom damaligen Gouverneur der Kapprovinz Simon van der Stel. Er schuf sich dadurch ein Denkmal, dass er sie nach sich selbst benannte: Stel-en-bosch.

Den Rundgang beenden wir bei Oom Samie se Winkel, in Onkel Samies Kramladen. Hier blieb die Zeit nur scheinbar stehen. Neben altem Gerümpel, Kitsch, Kunst und Ansichtskarten werden auch CD und DVD angeboten – und kleine wie große Taschen, damit man seine Einkäufe getrost nach Hause tragen kann.


Stellenbosch liegt malerisch zwischen dem Stellenboschberg, Simonsberg, Bottelaryberg und weiteren kleinen Hügeln eingebettet.

Ein Fluss zieht sich durch das wohl schönste Weinland Südafrikas, den die Siedler sinnigerweise De Eerste Rivier nannten, weil er der erste nach der Küste war, den sie zu Gesicht bekamen.

Einige Winzer ernten bereits den neuen Jahrgang. Am Morgenhof halten wir. Dieses Weingut spezialisierte sich auf Sauvignon blanc, Chardonnay und Merlot. Die Qualität steht im Vordergrund, nicht die Vielfalt. Schwächere Jahrgänge werden beim Roten durch einen Cuvèe ergänzt. Das spricht für Ehrlichkeit.

Wir folgen der Weinroute R 44 noch ein kurzes Stück und fahren am nächsten Abzweig nach rechts hinauf auf die Hänge des Simonsbergs. Dort befindet sich am Ende der Straße das Weingut Delheim. Uns interessiert hier nicht so sehr das breite Angebot, sondern der Blick von der Terrasse und aus dem Garten über die schier endlosen Weinfelder in der Ebene bis zur Häusersilhouette von Kapstadt mit dem Tafelberg und den Atlantik. Wir bleiben lange, da wir uns kaum satt sehen können an den bunten Bildern und der beginnenden herbstlichen Färbung.

Vor der Weiterfahrt orientieren wir uns mit dem vorhandenen Kartenmaterial über die weiteren Möglichkeiten. Die Zeit der Apartheid ist schon lange vorbei, trotzdem wird auf die Wanderwege im Hottentots-Holland Nature Reserve verwiesen. Hottentotten war die abfällige und rassistische Bezeichnung der Holländer für die Eingeborenen Khoi. Sie hat sich bis heute zumindest in einigen geographischen Namen gehalten.

Wir entscheiden uns für einen Besuch von Paarl, dem dritten Weinort dieser Gegend, der am Fuße des gleichnamigen Berges liegt. Die von einer Eiszeit glatt geschliffene Granitkuppe glänzt nach einem Regen in der Sonne wie eine Perle – deshalb der Name Paarl. Durch die leider von Lärm erfüllte Hauptstraße im Drakenstein Valley schiebt sich eine nicht endende Autoschlange nordwärts Richtung Wellington. Nederburg ist ein mir bekanntes Weingut. Wir steuern jedoch die Winzergenossenschaft in der Kohler Street an, die über den größten Weinkeller der Welt verfügt. Der einer Fabrikanlage ähnelnde Gebäudekomplex kann uns nicht abschrecken und wir werden von einem spektakulären Rundgang durch kleine und große Keller mit riesigen Holzfässern und auch modernen Anlagen mit Stahltanks belohnt. Der größte Raum gleicht einer Kathedrale. Er wird zu Recht Cathedral Cellar benannt.

Nicht weit davon entfernt befindet sich das Grand Roche, das sich selbst als „luxurious and sophisticated" bezeichnet. Das kleine Hotel gehört mit seinem Restaurant zu den feinsten Adressen in der Umgebung von Kapstadt. Die kapholländischen Gästehäuser liegen verstreut in einem mediterranen Garten mit vielen Zypressen, Palmen und Blumen. Das Restaurant befindet sich im so genannten Manor, dem Haupthaus. Wir nehmen auf der Terrasse Platz – vor uns Rosenbeete und Weingärten, die Häuser von Paarl und die gegenüberliegende Bergkette. Nach dem Lunch wollen wir einen Tisch für unseren letzten Abend in Südafrika reservieren. Das wirft Probleme auf. Das Bosman's sei ausgebucht, hören wir. Ich bleibe hartnäckig und bitte den Geschäftsführer zu kommen.

„Wir haben nur 70 Plätze und die sind zu unserem Bedauern alle bereits belegt", lässt auch er uns wissen.

„Wir bekamen eine Empfehlung vom Kanzleramt in Berlin, auf keinen Fall ein Dinner im Grand Roche zu versäumen." Ich merke, wie mein Gegenüber angespannt nachdenkt. Bevor er etwas sagen kann, ergreife ich nochmals die Initiative. „Ich gebe Ihnen eine Empfehlung. Sie lassen für uns den runden Tisch eindecken, auf dem die Spirituosen stehen und stellen die Flaschen dekorativ auf den Tisch mit dem Blumenbukette. Bei meinem nächsten Besuch in Berlin werde ich dann positiv von unserem Abend im Grand Roche berichten.“

Er geht auf diesen Vorschlag ein, notiert meinen Namen und das Hotel und bittet, die Zimmernummer nachzumelden, sobald wir unser Quartier belegt haben.

Nach einem Spaziergang durch die Weinberge machen wir uns auf den Weg nach Kapstadt, dem letzten großen Ziel dieser Reise. Auf dem Weg dorthin erzähle ich von einem Interview, das Helmut Kohl vor vielen Jahren nach einem Staatsbesuch in Südafrika im Fernsehen gab. Er schwärmte regelrecht vom Grand Roche, das ihn, wie er sagte, in vielerlei Hinsicht an den Deidesheimer Hof erinnerte, seinem Lieblingslokal in der Pfalz.

## Hoffnung über dem Kap

Als im März 1647 die Nieuw Haarlem das Kap der Guten Hoffnung umrundete, herrschten stürmisches Wetter und schlechte Sicht. Das niederländische Schiff erlitt eine Havarie. Die Schiffbrüchigen verschanzten sich in der Tafelbucht, bis sie von einem anderen niederländischen Segler an Bord genommen und gerettet wurden.

Fünf Jahre später ging Jan van Riebeeck an gleicher Stelle an Land. Er gründete im Auftrag der Niederländischen Ostindien Kompanie eine Versorgungsstation und erbaute zum Schutz der Mannschaft das „Fort van de Kaap de Goede Hoop". Die durchreisenden Schiffe mussten auf der langen Fahrt nach Indien und Indonesien Wasser, Fleisch und Gemüse aufnehmen. Die ansässigen San und Khoi lieferten zwar Fleisch, weigerten sich jedoch für die Weißen zu arbeiten. Diese holten deshalb Zwangsarbeiter aus Malaysia, Indonesien und Madagaskar, die als Sklaven für die Bestellung der Felder herangezogen wurden. Die unterschiedlichen Ethnien einschließlich der Weißen vermischten sich. Daraus gingen die Farbigen hervor, die heute Coloureds genannt werden und einen großen Anteil an der Bevölkerung der Kapregion stellen.

Seit der ersten Besiedelung und Gründung von Kapstadt prallen die Gegensätze Südafrikas hier unübersehbar und hart aufeinander: Schwarz und Weiß, Arm und Reich, arbeitende und arbeitslose Menschen, Menschen die noch Arbeit suchen und Menschen die sich bereits aufgaben, am Abgrund leben und ihren letzten Ausweg in der Kriminalität sehen. Ganze Stadtteile und die Townships spiegeln diese kritische Situation, die noch dazu durch eine hohe AIDS-Rate verstärkt wird.

Die Hinweise des Auswärtigen Amtes sind deutlich: „Die Innenstädte leiden unter der hohen Kriminalität. Sie sollten nach Einbruch der Dunkelheit gemieden werden. Auch tagsüber ist hohe Vorsicht angeraten. An roten Ampeln kommt es häufig zu Blitz-Überfällen."

Bei der Planung des Aufenthalts in Kapstadt folgten wir deshalb dem Rat von Satour und buchten Zimmer im Karos Arthurs Seat Hotel, etwas außerhalb am Sea Point gelegen. Eigener Parkplatz, Lounge, Bar, Restaurant natürlich und ein Pool auf dem Dach mit Blick über den Atlantik – alles ist vorhanden.

*

Wir nehmen uns am nächsten Tag Zeit für die Runde durch die Stadt und lassen ein Highlight dem anderen folgen – das alte Castle of Good Hope, die City Hall am Grand Parade, dem ehemaligen Exerzierplatz, das Old Town House, die Groot Kerk und die St. Georges Cathedral, das House of Parliament, in dem inzwischen das Parlament ganzjährig tagt,  und das Tuynhuis mit dem Amtssitz des Präsidenten.

Der Botanische Garten gleich daneben war ehemals das erste von van Riebeeck mit Obst und Gemüse bestellte Gelände. Wir drehen eine Runde und wandern von dort die Long Street hinunter zum Green Market Square, auf dem ein buntes afrikanisches Völkergemisch seinen Flohmarkt abhält. Viktorianische Häuser mit weiß gestrichen Balkonen umrahmen diesen Platz und gleich daneben verwandeln Händler den Trafalgar Place täglich in ein duftendes Blumenmeer.

Den Venture stellten wir in einem Parkhaus im Zentrum ab. Nicht weit davon entfernt liegt Bo-Kaap, das Viertel der Malaien, die auch Kap-Muslime genannt werden. Nicht nur als Sklaven, sondern auch als freie Flüchtlinge kamen sie nach Kapstadt und ließen sich am Fuße des Signal Hill nieder. Sie lieben bunte Häuser, gelb, blau, orange, selten weiß, und wenn der Muezzin vom Minarett der Moschee ruft, glaubt man sich im Orient zu befinden.

Am Nachmittag umrunden wir den Tafelberg. Nach zwanzig Minuten erreichen wir den noblen Vorort Constantia. Dort, wo sich bereits Simon van der Stel, der erste Gouverneur am Kap wohl fühlte, Obst kultivierte und mit dem Weinanbau begann, stehen herrschaftliche Villen und private kleine Paläste in gepflegten Parks. Bäume aus allen Erdteilen beherrschen die Grundstücke. Das britische Empire war groß. Seine Beamten und Kaufleute kamen weit herum. Als Symbol dieser weltumspannenden Ära und zugleich als Statusbeweis wurden Zedern aus dem Himalaja, Mammutbäume aus Kanada, Palmen aus der Südsee oder Eukalyptus aus Australien gepflanzt. Die Gründer und ihre Nachfahren verstanden es jedoch nicht, die einheimische schwarzafrikanische Bevölkerung in ihr soziales und politisches System zu integrieren. Hier am Kap nahm die Apartheid vor dreieinhalb Jahrhunderten ihren Ausgang und auch noch Jahre nach dem Mai 1994 und der Gründung der neuen Republik besteht hier in Constantia – wie auch an vielen anderen Orten Südafrikas – die Apartheid sichtbar fort.

Die Weißen verdrängten einst die Schwarzen. Nun bedrängen die Schwarzen die Weißen, oft mit nicht legalen Mitteln. Einbruch, Diebstahl und Raub mit Körperverletzung sind an der Tagesordnung. Als Folge wurden die Mauern um die privaten Grundstücke höher und höher, mit Stacheldraht und Elektrozaun doppelt gesichert und zusätzlich mit Überwachungskameras und Alarmsirenen versehen. „Du lebst dort heute wie im Gefängnis", schilderte mir ein Golffreund vor der Abreise dieses Viertel, in dem er selbst vor Jahren wohnte. Seine Eindrücke decken sich mit meinen Beobachtungen.

Groot Constantia, Klein Constantia und Buitenverwachting sind die drei dominierenden Weingüter auf diesem Bergsattel. Die angebauten Weine, Cabernet Sauvignon und Shiraz, gelten als kostbare Raritäten. Wir durchstreifen das Weinmuseum und das im kapholländischen Stil erbaute Herrenhaus von Groot Constantia und flüchten, als zwei Busse mit einer ganzen Besucherschar eintreffen.

Im Rücken des Tafelbergs fahren wir hinunter Richtung Hout Bay. An dieser Straße befindet sich die World of Birds, ein als Dschungelparadies beschriebener Vogelpark.

Am späten Nachmittag erreichen wir bei dem exklusiven Wohnort Llandudno die Atlantikküste. Die Sandy Bay liegt tief unter uns, eine traumhafte Bucht mit breitem Sandstrand und einigen mutigen Schwimmern zwischen den anrollenden Wellen.

Die Sonne färbt die Bergkette der Twelve Apostles zur Rechten rosarot. Wir fahren an der „Riviera" Südafrikas jetzt nach Norden. Villen und Apartmenthäuser stehen dicht gedrängt. In Camps Bay und Clifton am Fuße des Lion's Head drängen sich die Besucher zum Nachmittagskaffee und Sundowner in den Cafés und Bistros und auf den Terrassen der Restaurants.

Wir machen eine kurze Pause in unserem Hotel am Sea Point und fahren zum letzten Tagesziel, der Victoria & Alfred Waterfront. Kein Ort in Südafrika ist für ausländische Gäste wie auch für Einheimische sicherer als dieser für einen Bummel am Abend. Mehrere hundert Polizisten überwachen das Geschehen dieses eingezäunten Hafen- und Freizeitgeländes mit seinen Tiefgaragen. Die alten Hafenbecken und Lagerhallen wurden restauriert, modernisiert, um neue Gebäude ergänzt und zu einem Einkaufszentrum und Vergnügungsviertel umgewandelt.

Hotels, Geschäfte, Bars, Restaurants und Kinos locken ihre Kunden ebenso wie die zu Kaufhäusern umgebauten alten Werften. In direkter Nachbarschaft werden Schiffe in Trockendocks überholt. Fähren, Schlepper und Fischerboote laufen ein und aus. Am Pierhead, dem markantesten Punkt, steht das Old Port Captains's Building; ihm gegenüber der Old Clock Tower auf dessen Kaimauern sich die Robben tummeln. The Mussel Cracker & Oyster Bar lese ich unterwegs. Das klingt ebenso verlockend wie Weizenbier aus Bayern. Wir bleiben jedoch im Hildebrand „hängen", einem ausgezeichneten Italiener – auch wenn der Name dies nicht verrät.

*

Wieder einmal dränge ich zum frühen Aufbruch. Wir wollen heute das Kap der Guten Hoffnung für uns entdecken und erkunden. Die Empfehlung am Empfang des Hotels, das Kap im Uhrzeigersinn zu umfahren, klingt einleuchtend, da am Vormittag die Ostseite im Licht der Sonne steht und bei der Rückfahrt am Nachmittag die Westseite beleuchtet wird.

Die Strecke nach Constantia kennen wir von gestern. Der Simon van der Stel Expressway führt von dort hinunter zur False Bay – Falsche Bucht genannt, da viele Seefahrer auf der Suche nach der Tafelbucht bei schlechtem Wetter oder fehlerhafter Navigation versehentlich zuerst hier einfuhren, bis sie ihren Irrtum bemerkten.

Der lange und breite Sandstrand von Muizenberg wird von den Kapbewohnern sehr geschätzt. Bereits in den frühen Vormittagsstunden herrscht reger Badebetrieb. Bunte Strandhäuschen stehen in Reih und Glied. Die Strandwache hält Ausschau nach Killerwellen, die hier mehrfach auftreten, und nach Killerwalen, die diese Bucht zur Robbenjagd aufsuchen und den Schwimmern gefährlich werden können.

Fischerei und Walfang sind in Fish Hoek zu Hause und in Simon's Town liegen mehrere Kriegsschiffe im Hafen und auf Reede. In dieser kleinen Stadt befindet sich das Hauptquartier der Marine. Langsam fahren wir die St. George's Street entlang, um die schicken Häuschen der „historischen Meile" und das Haus der Admiralität aus dem Jahr 1740 bewundern zu können.

Unmittelbar nach dem Badestrand von Seaforth erreichen wir The Boulders – die gewaltigen, rund geschliffenen Granitfelsen, die hier wie verloren am Ufer liegen. Dazwischen und davor tummeln sich putzige Brillenpinguine, die ganze Heerscharen von Touristen anlocken.

Die Straße zum Kap folgt von Boulders aus der Schulter des Swartkopberges, der am Miller's Ponit eine gewaltige Felsnase in die False Bay streckt. Wir halten am Parkplatz des Black Marlin, einem Restaurant mit einem luftigen Garten, von dem aus man die ganze große Bucht von Muizenberg im Norden bis zur Kapspitze im Süden überblicken kann. Für Lobster und Kingklipfish ist die Zeit noch nicht reif. Wir bestellen Kaffee und bewundern die ringsum verteilten Kamelienbäume, von denen der älteste und größte einhundert Jahre alt sein soll. Im Frühling blühen sie rosarot.

Kurz vor dem Nature Reserve des Kaps blockiert eine Meute Paviane die Fahrbahn. Kaum halten wir an, sitzt der erste auf dem Außenspiegel und ein zweiter springt auf die Windschutzscheibe, um am Wischerblatt herumzuziehen. Dass wir langsam weiterfahren, stört die beiden nicht. Erst als wir das „nicht füttern" ignorieren und Kekse auf die Straße werfen, werden wir die „Besatzer" wieder los.

Vom Hotel am Sea Point bis zum Eingang des Parks legten wir 55 km zurück. Bis zum Ende der Straße am eigentlichen Kap sind es noch weitere 13 km. Der Naturpark selbst ist etwa 20 km lang und misst 10 km an seiner breitesten Stelle.

Nach dem Studium der Karte entscheiden wir uns zuerst für eine Fahrt hinunter zur Küste am Bloubergstrand im Westen. Wir holen die Ferngläser hervor, um nach Wild Ausschau halten zu können. Den sehr zerklüfteten Rücken des Kaps überzieht eine reiche Vegetation, für die das rätselhafte Zauberwort Fynbos steht. Hartlaubgewächse sind darunter zu verstehen. Dazu gehören die Proteapflanzen und das Heidekraut und zahlreiche Variationen der Silberbaumgewächse. Viele davon blühen, sicher nicht so reich wie im Frühling, aber sie blühen zu unserer Freude.

Büsche, in denen die Tiere des Reservats Deckung suchen könnten, stehen nur vereinzelt im Gelände. Wir sehen Strauße, die beim Queren einer Senke ihr Umfeld beobachten. Aus der Ferne gleichen ihre langen Hälse mit den kleinen Köpfen wandernden Stecknadeln. Kurz darauf beginnen sie zu äßen und ihr Federkleid entschwindet unseren Augen vor dem mit hellem Geröll durchsetzten Hintergrund.

Verschiedene Arten der Böcke durchstreifen die Kapregion. Mehrfach halten wir vergeblich Ausschau. An den sanften Hängen des Kleinen Bloubergs wird unsere Geduld belohnt. Eine Gruppe der in Südafrika selten gewordenen Springböcke hebt sich am oberen Rand vom blauen Himmel ab. Sie sollen nur noch in der Großen Karoo in größerer Zahl vorkommen. Bis 1994 waren sie das Wappentier Südafrikas. Nelson Mandela und Thabo Mbeki verbannten den Springbock aus dem Staatswappen, da er nach ihrer Meinung an die Apartheid erinnere. Nun zieren unter den Flügeln eines Sekretärvogels zwei unförmige Männer das Wappen, die, sich die Hände reichend, das friedliche Miteinander der unterschiedlichen Volksgruppen symbolisieren sollen.

Am Wendepunkt halten wir uns nicht lange auf und fahren zurück zur Haupttrasse. Unterwegs haben wir nochmals Glück. Dort, wo vorhin die Springböcke zu sehen waren, durchstreifen gerade einige Elans das Gelände. Schnell sind sie wieder verschwunden.

Durst und Hunger stellen sich ein. Wir steuern den großen Parkplatz und das Restaurant auf dem Kamm des Kaps an. Ein Sandwich mit Cola muss reichen. Mehr Zeit investieren wir nicht.

Weiter geht es und wieder hinunter zur Küste im Westen, zuerst zum Pegram's Point, dann zum Neptun's Dairy und vorbei am Maclear Beach, der von Robben belagert wird, und nochmals weiter bis zum Endpunkt am Cape Maclear.

Was für ein aufregender Aussichtspunkt. Obwohl der Himmel fast klar ist, braust der Wind stürmisch über das Kap und uns hinweg. Als Bartolomeu Diaz 1488 das vermeintlich südlichste Kap Afrikas entdeckte und Vasco da Gama auf der Suche nach dem Seeweg nach Indien 1497 das Kap umfuhr, haben sie beide zuerst das Cape Maclear gesehen, auf dem wir uns jetzt befinden, und erst geraume Zeit später das dahinter verborgene, äußerste und eigentliche Kap, das Cape Point genannt wird.

Wir wandern ein Stück auf dem Pfad in Richtung Cape Point. Unter uns breitet sich unerwartet ein Strand aus, der laufend von den Wellen überrollt wird. Am Kap selbst sehen wir den Leuchtturm, zuerst den oberen, der meist im Nebel steht, und dann auch den kleineren auf einer niedrigeren Felskante, dessen Feuer unter den Nebelbänken hindurch bis weit hinaus auf den Atlantik scheint.

Hier und am nahen Kap Agulhas, auf dem wir erst vor ein paar Tagen standen, treffen der Atlantik und der Indische Ozean zusammen. Wer genau hinsieht, kann die unterschiedlichen Strömungen im Meer und die gegenläufigen Wellenbewegungen beobachten und die wechselnden Winde lassen einem die aufeinander treffenden Ausläufer der unterschiedlichen Hochs und Tiefs über den beiden Ozeanen spüren.

Gefesselt schauen wir dem laufend sich verändernden Schauspiel zu. Die verrosteten Schiffwracks, die von dem dramatischen Schicksal einiger Seefahrer zeugen, die von der rauen See verschlungen wurden, sind kaum nennenswert zu sehen. Ich werfe einen letzten Blick hinaus in die unendliche Weite des südlichen Meeres. Die Antarktis und der Südpol sind nah und doch 3.315 Seemeilen oder 6.140 km von hier entfernt.

Wir machen uns auf den Rückweg, durchqueren das Kap Reservat in nördlicher Richtung und biegen nach dem Tor des Parks in die M 65 ein, die Plateau Road, die nördlich am Park entlangführt. Noch einmal ist uns das Glück hold. Kurz vor dem Bonteberg, wo keine der Pisten des Reservats hinführt und wohin sich keine Parkbesucher verlaufen, äsen seltene Buntbock-Antilopen in der Nähe der Straße, heben kurz den Kopf, um uns zu mustern, und flüchten über den nahen Kamm.

Witsand heißt der folgende Streckenabschnitt zu Recht, auf dem sich drei weiß leuchtende Sandbuchten aneinanderreihen: Schuster's, Mossel und Witsand Bay.

Kurz darauf durchfahren wir eine weitläufige, flache Landschaft mit Seen, Brackwassertümpeln und Salinen.

In Sun Valley, auch hier in Afrika gaben die Stadtväter einem unscheinbaren Ort diesen schönen Namen, biegen wir in die M 6 nach links in Richtung Chapman's Point ein. Eine der schönsten Küstenstraßen der Welt liegt vor uns, die in die steile Flanke des Chapman's Peak hineingeschlagen wurde. Auf 10 km folgt eine meist schmale Serpentinenstraße diesem Felsmassiv mit atemberaubenden Ausblicken bis zu dem Fischernest Hout Bay.

Dieses Städtchen hat idyllische Ecken. Im Fischereihafen herrscht reger Betrieb. Er gilt als Umschlagplatz für frische Meeresfrüchte. Wir parken und schlendern über die Mariner's Wharf. Erstaunlich viele Hummer werden angeboten. Ein Spezialist wirbt für noch heiße, über Eichenholz geräucherte Barrakudas. Im Wharfside Grill kehren wir ein.

Lange brauche ich nicht für meine Entscheidung. Eine gemischte Fischplatte vom Grill erfüllt alle Wünsche auf einmal.

Gerade mit dem Essen fertig, stellt Wolfgang fest, dass er seine Kamera beim Imbiss auf dem Kap hat liegen lassen. Wir nehmen die Karte zur Hand. Zum Parkeingang sind es auf der kürzesten Strecke 45 km, weitere 6 km bis zum Restaurant. Der Park schließt in einer Stunde. Die Zeit müsste reichen. Gemeinsam mit Rita bricht er auf.

„Wenn du unseren Wein übernimmst, kannst du dir Zeit lassen", rufe ich Wolfgang nach. Wir sitzen fest. Sie fahren mit dem Venture. Wir genießen die Dämmerstunde und den feuchten Ausklang des Tages nach der Rückkehr unserer Freunde.

Kapstadt wird neben San Franzisko, Hongkong und anderen zu den am schönsten gelegenen Städten der Welt gezählt. Die große Bucht und der Tafelberg, das Wahrzeichen der Stadt, tragen maßgeblich zu dieser Einschätzung bei. Dieser flache Hausberg macht zusammen mit dem Signal Hill, dem Lion's Head und dem Devil's Peak die Skyline von Kapstadt unverwechselbar.

An Bo-Kaap vorbei und weiter über die Kloof Nek Road kommen wir zur Talstation der Seilbahn. Über die Rezeption des Hotels verabredeten wir uns mit einem individuellen Führer. Er solle nach vier lustigen Leuten Ausschau halten, die mit einem Venture ankommen, ließen wir ihm ausrichten. Das hat geklappt. Ein junger Mann eilt uns, mit einer Hand voll Prospekte und Karten wedelnd, entgegen.

„Hallo, ich bin Ihr Führer", ruft er. „Ich heiße Jan", ergänzt er beim Händeschütteln. „Ich bin ein holländisch Jung", lässt er uns weiter wissen. „Aber keine Angst, ich mache das schon seit drei Jahren und ich kenne mich gut aus."

Wir müssen nicht warten. Jan hatte bereits die Karten gekauft und die Auffahrt mit der Seilbahn auf den Tafelberg vorreserviert. Schneller als gedacht kommen wir oben an. Von einem der Aussichtspunkte genießen wir den ersten Blick. Einfach phantastisch. Direkt unter uns die Stadt an der Tafelbucht mit dem Hafen, links davon der Signal Hill und Lio's Head, draußen der Atlantik, in einiger Entfernung der beliebte Wohn- und Badeort Bloubergstrand und rechts von uns die markante Teufelsspitze, der Devil's Peak.

„Sehen Sie die Insel im Atlantik? Das ist Robben Island, die Gefängnisinsel, auf der Nelson Mandela 18 Jahre inhaftiert war. Weitere 8 Jahre verbrachte er im Gefängnis von Franschhoek. Die Insel kann besucht werden. Sollten Sie interessiert sein, kann ich einen Trip organisieren."

Wir winken ab. „Wie sind eigentlich Sie am Kap gelandet?"

„Nach dem Studium bereiste ich den Süden Afrikas und blieb hängen. Vieles in und um Kapstadt erinnert mich an meine Heimat und das Wetter ist das ganze Jahr über sonniger und wärmer, einfach schöner. Ob ich jemals wieder zurückkehre? Vielleicht. Derzeit betreibe ich als Fremdenführer noch eine Ein-Mann-Show. Ich habe vor, eine kleine Agentur zu gründen und ein paar Leute einzustellen."

„Auch Schwarze?"

„Das ist leichter gesagt als getan. Die müssten pünktlich sein, nicht auf die Uhr schauen, wenn die Tour länger wird, und vor allem vieles wissen und fleißig das hinzulernen, was sie noch nicht wissen, die Touristen aber interessiert."

Wir belassen es dabei und machen uns auf den Weg, um das Plateau des Tafelbergs zu erkunden. Jan führt uns zuerst zu weiteren Aussichtspunkten. Der Wind weht frisch, fast kalt vom Atlantik herüber.

„Wir haben heute Glück", meint Jan. „Wenn der Wind sich dreht, dann bringt er von der False Bay feuchtwarme Luftmassen heran, die hier oben dichte Nebelschleier und Wolken bilden und einem die Sicht nehmen."

Das Plateau des Tafelbergs ist alles andere als flach. Der Weg führt auf und ab durch ein stark zerklüftetes Gelände. In den Spalten suchen die für das Kap typischen Fynbos-Gewächse Halt. Insekten schwirren herum, Vögel kreischen, eine Echse huscht über einen Felsbrocken.

Je weiter wir uns von der Bergstation der Seilbahn entfernen, umso ruhiger wird es ringsum. Wir wandern bis zur höchsten Erhebung des Tafelbergs auf 1.086 m, vorbei an tiefen Schluchten, die atemberaubende Blicke in die Tiefe freigeben und lassen uns auf einem südlicheren Punkt auf einem Felsen nieder.

Die Kaphalbinsel liegt vor uns, eingerahmt von der False Bay und dem Atlantik. Am Ende der Zwölf Apostel spiegelt sich die Sonne in der Hout Bay, in der wir den gestrigen Abend verbrachten. Der Chapman's Peak steht im hellen Mittagslicht. Der gleißende Streifen am

Strand im Osten könnten die viktorianischen Häuser von Simon's Town sein und in der Mitte erstreckt sich vor uns der grüne, lange Bergrücken des eigentlichen Kaps der Guten Hoffnung, dessen äußerste Spitze jedoch von hier aus verborgen bleibt.

Jan macht auf die Einzelheiten aufmerksam. Er trägt eine ärmellose Jacke über dem Hemd. Der heftige Wind legt eine Waffe frei, die in seinem Gürtel steckt.

„Sie haben einen Revolver?" Meine Frage ist mehr eine Feststellung.

„Ich trage immer eine Waffe bei mir, für meine eigene Sicherheit, aber auch um meine Gäste beschützen zu können."

„Wie gefährlich ist Südafrika wirklich?"

„Der größte Unsicherheitsfaktor ist die Sicherheit der Besucher. Sie sollten die Regeln befolgen, immer in Gruppen bleiben und am Abend dunkle Straßen meiden." Er macht eine Pause, bevor er fortfährt. „Ich wohne im Zentrum von Kapstadt. Wenn ich abends mit meinen Freunden ausgehe, dann hat jeder von uns einen Revolver oder eine Pistole im Gürtel stecken."

„Zur Abschreckung oder auch zum Schießen?"

„Jeder von uns wurde schon mehrfach überfallen, allein oder mit anderen zusammen. Wir hatten bisher Glück. Wir zogen die Waffe und die Angreifer flüchteten."

„Afrika sei rückständig und chaotisch und von Despoten beherrscht. So lauten oft die pauschalen Urteile in den Medien. Trifft das auch auf die Republik Südafrika und die Region am Kap zu?"

„Nein, eindeutig nein. Zur Realität gehört, dass einige Gebiete auch in diesem Land noch als ‚Dritte Welt' bezeichnet werden können, die Townships vor allem. Seit 1994 ist jedoch viel passiert. Südafrika ist dabei, die Reste der Kolonialzeit mehr und mehr zu überwinden und gesellschaftlich sich zu nähern, nicht zusammenzuwachsen, aber sich immer weiter zu nähern."

Auf dem Rückweg zur Seilbahnstation nehmen wir den Weg auf der Westseite des Plateaus.

Jan hält kurz an und zeigt hinüber zum Signal Hill. „Auf dem Berg steht eine Kanone. Sie wurde früher abgefeuert, um ankommende Schiffe zu begrüßen und gleichzeitig dem Hafen anzukündigen. In einigen Jahren findet in Südafrika und auch hier in Kapstadt die Fußballweltmeisterschaft statt. Die Verantwortlichen hoffen, dass sie zu diesem Ereignis möglichst viele Gäste aus aller Welt vom Signal Hill aus begrüßen können."

Am späten Nachmittag fahren wir hinaus nach Paarl zum Abendessen im Grand Roche.

Wer heute nach Kapstadt und nach Paarl kommt, ich schreibe diese Reiseerinnerungen einige Wochen vor Beginn der Fußballweltmeisterschaft in Südafrika, und das Grand Roche besuchen möchte, wird feststellen, dass sich hier vieles, wie auch anderswo in diesem Land, noch weiter sehr positiv gewandelt hat. Die Sicherheit ist eines der Hauptanliegen der Gastgeber, die Menschen wuchsen, wie Jan es erhoffte, noch weiter zusammen und im Grand Roche wird „Schicke, gepflegte Kleidung" erwartet, „Jackett und Krawatte sind", so steht auf der Homepage zu nachzulesen, „ nicht erforderlich".

Wir, die Männer,  ziehen ein paar Jahre vorher noch den dunkelblauen Blazer und eine Krawatte an. Die Frauen erscheinen, ohne dass darüber große Worte zu verlieren sind, wie immer schick angezogen.

Am Eingang werden wir mit einem Glas Sekt begrüßt und durch das Restaurant hindurch in den Innenhof geleitet, wo bereits viele Gäste angeregt plaudernd in Gruppen zusammenstehen.

Karen Blixen hätte sich bei diesem Stehempfang im Patio beim Pool in ihrem Element gefühlt. „Afrika, dunkel lockende Welt" überschrieb sie ihr autobiographisches Buch, das – wie schon erwähnt – unter dem Titel „Jenseits von Afrika" verfilmt wurde. Mir kommen da eher die Worte „Jenseits der Vernunft" in den Sinn. Vieles, nicht alles, gleicht der Zeit von damals, das große Herrenhaus, die kostbare antiquarische Einrichtung, die „feinen" Leute, die hilfsbereite dunkelhäutige Dienerschaft, das anheimelnde Kerzenlicht, Trinksprüche hier und Smalltalk da. Erstaunt wäre Karen Blixen über die anwesenden Schwarzafrikaner, die zwar in der Minderzahl sind, doch sich deutlich abheben, nicht durch ihre Kleidung, nein, denn auch diese Männer tragen Anzüge und Kragenhemden mit Krawatten und die Frauen schicke Sommerkleider, wohl aber durch ihre Haut, die anders, dunkel, fast schwarz ist. Sechs Männer stehen zusammen, rauchen Zigarren oder Zigaretten und nippen von ihren Bechern mit den gekühlten Drinks, möglicherweise Ministerialbeamte mit Gästen, und daneben scherzen zwei jüngere Paare miteinander, die etwas zu feiern haben.

Ein Typ, wie ein Großwildjäger gekleidet, löst sich von der Gruppe am Ende der Bar. Er trägt, gleich einem Pfadfinder, ein geknotetes Halstuch, das die vom Haus erwünschte Krawatte ersetzt. Er kommt auf uns zu, die sichtlich Fremden, die sich nicht nur durch ihre Sprache, sondern auch durch das Design der Blazer und Jacken unterscheiden. Woher wir kommen und ob wir zur Jagd waren, will er wissen.

„Wir essen gerne Wildbret, überlassen das Erlegen aber lieber anderen", geben wir ihm zur Antwort.

„Das wahre Afrika erleben Sie aber nur im Busch, mit der Waffe in der Hand, auf der Pirsch nach einem Elan oder Kudu, oder noch aufregender nach einem Rhino."

Sein Freund, ebenfalls in einem Khakianzug und mit einer Kordel mit Medaillon um den Hals, wie auch ich es mag, gesellt sich hinzu. „Ich liebe die Nächte am erloschenen Feuer vor dem Zelt, wenn ringsum Stille herrscht, die nur selten von dem Laut eines Tieres unterbrochen wird. Da fühle ich mich eins mit der Natur."

Wir erzählen den beiden von der nächtlichen Beobachtung eines Elefanten in der Bushlands Game Lodge und dem sehr aufregenden Zusammentreffen mit den Nashörnern im Hluhluwe Park.

„Auch hier in der Nähe gibt es Parks mit reichem Wildbestand und schöner Landschaft, das Hottentots Reservat oder das Reservat am Kap zum Beispiel. Wenn Sie möchten, organisieren wir für Sie eine persönliche Führung für ein oder zwei Tage."

„Das wäre sicher interessant. Unser Aufenthalt geht jedoch zu Ende. Wir fliegen morgen zurück."

Das Interesse an uns schmilzt wie Eis dahin, das mittags in der Sonne liegt. Wir wünschen uns gegenseitig einen schönen Abend.

Das Bosman's, wie das Restaurant des Grand Roche heißt, hat für das heutige Dinner seine Kapazität um vier Gedecke auf 74 Plätze erweitert, nachdem ich vor zwei Tagen wunschgemäß unsere Zimmernummern telefonisch nachmeldete. Der Chef kommt persönlich an unseren Tisch, überreicht die Speisekarten und gibt ein paar Empfehlungen für die Zusammenstellung kleinerer oder größerer Menüs mit den dazu passenden Weinen und entschwindet wieder.

Jeder wählt für sich à la Carte. Dazu genießen wir ein Tröpfchen aus Paarl und lauschen beim Digestif der Pianistin am Flügel.

Mit diesem Abend im Stil einer eigentlich nicht mehr gegebenen aber immer noch spürbaren Kolonialzeit beenden wir unsere Spurensuche in Südafrika. Wir stießen auf Erhofftes und entdeckten Unerwartetes, wir durchquerten weite Ebenen, zerklüftete Berge und stille Wälder und wir begegneten fremden Menschen, die uns herzlich aufnahmen. Alles in allem – eine an Erlebnissen sehr reiche Rundreise durch ein großartiges Land, dem wir sehr nahe gekommen sind.

Hemingway fand prosaische Worte, als es für ihn galt, Abschied von seinem ihm lieb gewordenen Afrika zu nehmen. Wir fliegen am nächsten Tag nach Hause mit einem Gefühl der großen Hoffnung für das neue Südafrika und sagen schlicht: „Good bye South Africa. Wir kommen bestimmt wieder."

Quellen- und Bildernachweis

Groh-Karten-Bibliothek, Weisheiten aus Afrika, Wörthsee, 1991
Informationen zur politischen Bildung, Ausgabe 302, Bonn, 2009
Mark Münzel, Ursprung ... über die Entstehung des Menschen und der
    Welt in den Mythen der Völker, Frankfurt/Main, 1987
Protea Hotel Simunye Zulu Lodge, www.simunyelodge.co.za
Südafrikan. Fremdenverkehrsamt Satour, Frankfurt, www.satour.de
Thoralf Teubner, Autor der Online Reiseführer über Südafrika
    www.suedafrikatour.de und  www.kapstadt-tour.de
Time-Life, Die Alten Kulturen Afrikas, Amsterdam, ohne Jahr

Seite/Bild:
South African Tourism 19/1, 19/3
Swaziland Government Tourist Office 47/2, 53/2
Simunye Zulu Lodge 53/1, 74/2, 75
Wikipedia freie Enzyklopädie 47/3, 53/3, 53/4, 70, 97/1
Wikimedia Commons 97/2 Mike Barwood, 112/3 Ian Beatty,
    112/5 Lukas Kaffer, 117/1 Ashley Holling, 117/2 Stan Shebs
realhistoryww.com 112/2
mysouthafrica.biz 112/4
alle anderen: freie Bilder oder Peter Landgraf